Descubre TU Valor: Consejos para Fortalecer TU Autoestima

Mr. Haddock

Published by Mr. Haddock, 2024.

DESCUBRE TU VALOR: CONSEJOS PARA FORTALECER TU AUTOESTIMA

First edition. August 31, 2024.

ISBN: 979-8227023155

Written by Mr. Haddock.

Tabla de Contenido

Descubre TU Valor: Consejos para Fortalecer TU Autoestima

Inicio Rebelde: Un Viaje hacia el Autodescubrimiento

¡Hola, rebeldes conectados! Soy Mr. Haddock, y es un honor darles la bienvenida a esta nueva aventura en la que nos embarcamos juntos. Si estás aquí, en las primeras páginas de *Descubre tu Valor: Consejos para Fortalecer tu Autoestima*, es porque estás listo para adentrarte en un viaje que puede cambiar tu vida. No exagero. Este libro es mucho más que un montón de letras apiladas; es una guía, un compañero, y, por qué no, un faro en medio de la tormenta que puede ser la adolescencia y la juventud.

En mi blog, *rebeldesconecta2.com*, he tenido la suerte de interactuar con cientos de jóvenes como tú, que están navegando por las aguas, a veces turbulentas, de la adolescencia. Sé lo complicado que puede ser este momento de la vida. Hay días en los que te sientes en la cima del mundo, y otros en los que te preguntas si alguna vez encajarás en algún lado. Es un periodo lleno de emociones intensas, de descubrimientos, y, a menudo, de muchas dudas.

Pero déjame decirte algo, y quiero que esto quede muy claro: todas esas dudas, todas esas preguntas que te haces sobre quién eres y cuál es tu lugar en el mundo, son absolutamente normales. Y es precisamente por eso que estás aquí, listo para sumergirte en las páginas de este libro, porque en el fondo sabes que tienes un valor inmenso, aunque a veces te cueste verlo.

¿Por qué un "Inicio Rebelde"?

Llamamos a este capítulo "Inicio Rebelde" porque, bueno, eso es lo que somos, ¿no? Rebeldes. Y no me refiero a ese estereotipo de rebeldía que ves en las películas, donde se trata de romper reglas solo por el hecho de romperlas. La verdadera rebeldía es mucho más profunda. Ser rebelde es atreverse a cuestionar lo que otros dan por sentado, es tener el coraje de buscar tu propio camino, incluso cuando todos a tu alrededor parecen ir en otra dirección. Es levantar la mano y decir: "Yo también tengo algo que decir", incluso cuando sientes que tu voz es pequeña.

Este libro es para ti, el rebelde que quiere descubrir su valor en un mundo que a menudo parece decidido a decirte lo contrario. Es para ti, que te enfrentas a las inseguridades, a la presión social, a las expectativas (propias y ajenas), y que, a pesar de todo, sigues adelante buscando tu verdad.

El Valor de Ser Tú Mismo

A lo largo de estas páginas, vamos a hablar mucho sobre la autoestima, pero quiero que entiendas que este no es solo un libro de autoayuda más. Aquí no se trata de darte una lista de "haz esto y serás feliz", porque la vida no funciona así. La autoestima no es algo que puedas comprar en una tienda o alcanzar de un día para otro. Es un proceso, una construcción diaria.

Descubrir tu valor no es algo que hagas una vez y ya está. Es una elección que haces todos los días cuando decides ser fiel a ti mismo. Cada vez que eliges amarte un poco más, cada vez que eliges no compararte con los demás, cada vez que decides que tu voz merece ser escuchada, estás construyendo tu autoestima.

Y créeme, sé que no es fácil. Vivimos en un mundo que está constantemente diciéndonos quién deberíamos ser, qué deberíamos querer, y cómo deberíamos vernos. Las redes sociales, la presión de los amigos, incluso las expectativas de la familia, pueden hacer que sea realmente difícil escuchar tu propia voz. Pero aquí está el truco: tu voz es la más importante. Nadie más puede vivir tu vida por ti, así que ¿por qué dejar que otros decidan cómo deberías vivirla?

Hablando de Alta y Baja Autoestima

Uno de los grandes temas que vamos a tocar en este libro es la diferencia entre la autoestima alta y la baja, y cómo ambos extremos pueden impactar tu vida. A veces pensamos que tener una autoestima alta significa creerse mejor que los demás, pero en realidad, se trata de tener una visión saludable y equilibrada de ti mismo. Es saber que tienes valor, independientemente de lo que los demás piensen.

La baja autoestima, por otro lado, es una trampa en la que es fácil caer. Es esa vocecita en tu cabeza que te dice que no eres suficiente, que no importa lo que hagas, nunca serás tan bueno como los demás. Esa voz miente, y uno de los propósitos de este libro es ayudarte a silenciarla.

Pero aquí viene algo importante: la autoestima alta tampoco significa que no tengas días malos o que nunca dudes de ti mismo. Todos tenemos esos momentos. La diferencia es que, con una autoestima saludable, esos momentos no te definen. Sabes que, aunque hoy sea un mal día, eso no significa que tú seas una mala persona o que no valgas la pena.

Para los Padres y Tutores

Si eres un padre o tutor leyendo esto, primero, gracias por estar aquí. Apoyar a un adolescente en su viaje hacia la autoconfianza y la autoestima es una de las cosas más importantes que puedes hacer. La adolescencia es un momento crucial, y tu papel es vital.

Este libro está diseñado no solo para los jóvenes, sino también para quienes los guían. Encontrarás herramientas y consejos que te ayudarán a entender mejor lo que está pasando en la mente y el corazón de tu adolescente. No es fácil, lo sé. Pero con paciencia, comprensión y, sobre todo, mucho amor, puedes ser una fuente de fortaleza para ellos.

Rebeldes Conectados: Unidos Somos Más Fuertes

Una de las cosas que más me apasiona de *rebeldesconecta2.com* es la comunidad que hemos construido juntos. En este espacio, nadie tiene que sentirse solo. Todos estamos pasando por nuestras propias batallas, y todos tenemos días buenos y malos. Pero cuando nos conectamos, cuando compartimos nuestras experiencias y nos apoyamos mutuamente, nos damos cuenta de que somos más fuertes de lo que pensábamos.

Este libro es una extensión de esa comunidad. Quiero que sepas que, aunque a veces el camino hacia una autoestima saludable puede parecer solitario, no estás solo. Estamos en esto juntos, y siempre habrá alguien dispuesto a escucharte, a apoyarte y a recordarte que eres valioso, tal como eres.

Conclusión: El Primer Paso hacia el Autodescubrimiento

Así que aquí estamos, al comienzo de esta nueva aventura. *Descubre tu Valor* no es solo un título, es una invitación. Una invitación a mirar dentro de ti mismo y descubrir el increíble valor que ya tienes. Puede que no sea fácil, puede que no sea rápido, pero te prometo que será un viaje que valdrá la pena.

Recuerda, rebeldes conectados, que cada paso que das hacia la autocomprensión y el amor propio es un acto de verdadera rebeldía. No importa lo que el mundo diga, tú decides quién eres y qué valor tienes. Y créeme, ese valor es inmenso.

¡Vamos a descubrirlo juntos!

Con rebeldía y cariño,

Mr. Haddock

Capítulo 1

Comprendiendo la Autoestima: Qué es y Por qué Importa

El Viaje Comienza: ¿Sabes Quién Eres Realmente?

Imagina que estás en un viaje, pero no es cualquier viaje; es un viaje hacia el lugar más importante de todos: tú mismo. Pero antes de que puedas comenzar a caminar, necesitas una brújula, algo que te guíe, que te diga si estás yendo en la dirección correcta o si te estás perdiendo. Esa brújula es tu autoestima.

Ahora, puede que te estés preguntando: "¿Qué tiene que ver la autoestima con un viaje?" La respuesta es simple: **tu autoestima es la que determina cómo ves el mundo y cómo enfrentas todo lo que te sucede.** Si tienes una buena brújula (es decir, una autoestima sana), es más probable que encuentres el camino hacia donde quieres ir. Pero si tu brújula está rota o desajustada, es posible que termines perdido, sintiéndote inseguro y sin saber realmente quién eres o qué valor tienes.

Y aquí es donde empieza nuestro viaje juntos. En este capítulo, vamos a descubrir qué es la autoestima, por qué es tan importante y cómo afecta cada aspecto de tu vida. No te preocupes, no estamos aquí para darte una aburrida lección; esto es personal, relevante y, sobre todo, necesario para que puedas encontrar tu propio camino en la vida.

¿Qué es la Autoestima?

Una Definición Sencilla

La autoestima es, básicamente, lo que piensas y sientes sobre ti mismo. Es la voz en tu cabeza que te dice si eres lo suficientemente bueno, si puedes enfrentar los desafíos que se te presentan y si mereces ser feliz y amado.

Imagina que tienes un espejo interno que te muestra quién eres. La imagen que ves en ese espejo es tu autoestima. **Si ves una imagen clara y positiva de ti mismo, entonces tu autoestima es alta y saludable**. Pero si ese espejo está distorsionado o roto, y todo lo que ves son defectos y cosas que no te gustan, entonces es probable que estés lidiando con una baja autoestima.

¿De Dónde Viene la Autoestima?

Tu autoestima no es algo con lo que naces. Se desarrolla a lo largo de tu vida, a partir de las experiencias que tienes, las personas con las que te relacionas, y cómo reaccionas ante las situaciones difíciles.

Por ejemplo, **si creces en un entorno donde te sientes valorado, apoyado y amado, es más probable que desarrolles una autoestima saludable**. En cambio, si constantemente te critican, te comparan con otros o te hacen sentir que no eres lo suficientemente bueno, tu autoestima puede sufrir. Y esto no solo depende de los demás; también influye la manera en la que te hablas a ti mismo.

La Importancia de la Autoestima: Mucho Más que un Concepto

Tu Relación Contigo Mismo

¿Por qué es tan importante la autoestima? Piensa en tu mejor amigo o amiga. Seguramente, quieres lo mejor para esa persona, ¿verdad? Quieres que sea feliz, que logre sus sueños, que se sienta bien consigo misma.

Ahora, imagina que tú eres ese amigo. **La relación que tienes contigo mismo es la más importante de todas, porque afecta cada decisión que tomas y cómo te sientes día a día.**

Si tienes una buena relación contigo mismo, eres más propenso a cuidarte, a enfrentar desafíos con valentía y a recuperarte cuando las cosas no salen como esperabas. **Una autoestima alta significa que te respetas, te valoras y crees en ti.** Y cuando esto sucede, todo lo demás en tu vida empieza a encajar mejor.

Cómo la Autoestima Afecta Tu Vida Diaria

La autoestima no solo afecta cómo te sientes, sino también cómo actúas y cómo te ven los demás. **Cuando tienes una autoestima sana, te sientes seguro para probar cosas nuevas**, ya sea en la escuela, en el deporte, en tus hobbies o incluso al hacer nuevos amigos. No tienes miedo de cometer errores porque sabes que los errores son parte del aprendizaje y no definen quién eres.

Por otro lado, **una baja autoestima puede hacer que te sientas inseguro, que dudes de ti mismo y que evites situaciones donde podrías fallar.** Esto puede llevarte a perder oportunidades importantes o a sentirte atrapado en una rutina que no te hace feliz.

El Impacto en las Relaciones

Tu autoestima también juega un papel crucial en cómo te relacionas con los demás. **Si te sientes bien contigo mismo, es más probable que construyas relaciones saludables y positivas.** No necesitas la aprobación constante de los demás para sentirte valioso, y eres capaz de establecer límites cuando es necesario.

Sin embargo, si tu autoestima es baja, podrías sentir que necesitas complacer a los demás para ser aceptado, o que no mereces ser tratado con respeto. Esto puede llevarte a estar en relaciones tóxicas o a rodearte de personas que no te valoran.

Autoestima y Éxito: El Poder de Creer en Ti Mismo

La autoestima también está directamente relacionada con tu capacidad para alcanzar el éxito en la vida. **Cuando crees en ti mismo, estás más dispuesto a tomar riesgos, a fijarte metas altas y a trabajar duro para lograrlas.** Sabes que, incluso si fallas, puedes levantarte y volver a intentarlo.

En cambio, **si no confías en tus propias habilidades, es probable que evites desafíos o que no te esfuerces al máximo porque piensas que no valdrá la pena.** Esta mentalidad puede limitar tu crecimiento personal y profesional, impidiéndote alcanzar todo tu potencial.

Diferencias entre Autoestima Alta y Baja

Características de una Autoestima Alta

Tener una autoestima alta no significa que te creas mejor que los demás, sino que **te valoras y te aceptas tal como eres, con tus fortalezas y debilidades.** Aquí hay algunas señales de que tienes una autoestima saludable:

- **Te sientes seguro de ti mismo:** No necesitas la aprobación de los demás para sentirte bien.

- **Aceptas los desafíos:** Ves los desafíos como oportunidades para aprender y crecer.

- **Te cuidas:** Sabes que mereces amor, respeto y cuidado, así que te esfuerzas por mantener hábitos saludables.

- **Eres resiliente:** Cuando enfrentas dificultades, eres capaz de recuperarte y seguir adelante.

Características de una Baja Autoestima

Por otro lado, una baja autoestima puede hacerte sentir que no eres lo suficientemente bueno o que no mereces ser feliz. Algunas señales de baja autoestima incluyen:

- **Autocrítica constante:** Te centras más en tus errores y defectos que en tus logros.

- **Miedo al rechazo:** Temes que los demás no te acepten, por lo que evitas situaciones sociales o te esfuerzas demasiado por complacer a otros.

- **Comparaciones constantes:** Te comparas con los demás y siempre te sientes inferior.

- **Dificultad para tomar decisiones:** Dudas de tus propias habilidades y sientes que no puedes tomar decisiones acertadas.

¿Cómo se Desarrolla la Autoestima?

El Papel de la Familia y los Amigos

La autoestima empieza a formarse desde que eres pequeño, y **las personas que te rodean juegan un papel crucial en su desarrollo.** Si creces en un entorno donde te sientes amado y apoyado, es más probable que desarrolles una autoestima sana.

Pero no solo la familia influye en tu autoestima. **Tus amigos, profesores y otras personas con las que interactúas también tienen un impacto.** Si te rodeas de personas que te respetan y te valoran, es más fácil sentirte bien contigo mismo. Por otro lado, si estás en un entorno donde te critican o te hacen sentir menos, esto puede afectar negativamente tu autoestima.

La Autoestima en la Adolescencia

La adolescencia es un momento especialmente crítico para el desarrollo de la autoestima. **Durante estos años, estás experimentando muchos cambios físicos, emocionales y sociales.** Estás tratando de descubrir quién eres, lo que puede ser confuso y a veces abrumador.

Es común que durante la adolescencia te compares con los demás, especialmente en un mundo donde las redes sociales están tan presentes. **Las imágenes "perfectas" que ves en línea pueden hacer que te sientas inseguro sobre tu apariencia o tu vida en general.** Es importante recordar que la mayoría de esas imágenes no reflejan la realidad y que tu valor no depende de cómo te ves o de cuántos "me gusta" recibes.

El Impacto de las Experiencias de Vida

Cada experiencia que tienes, buena o mala, también contribuye a la formación de tu autoestima. **Superar un desafío, como aprobar un examen difícil o resolver un problema con un amigo, puede fortalecer tu autoestima.** Por otro lado, experiencias negativas, como el bullying o un fracaso, pueden dañarla si no tienes el apoyo necesario para superarlas.

Es importante aprender a ver las experiencias negativas como oportunidades de crecimiento, en lugar de permitir que definan quién eres. **La manera en que interpretas y manejas estos momentos es crucial para mantener una autoestima saludable.**

Autoestima y Salud Mental: Una Conexión Directa

Cómo la Autoestima Influye en tu Bienestar Emocional

Tu autoestima está estrechamente relacionada con tu salud mental. **Una autoestima alta puede protegerte contra problemas emocionales como la ansiedad y la depresión.** Cuando te valoras y crees en ti mismo, es más fácil enfrentar el estrés y los desafíos de la vida sin sentirte abrumado.

Por el contrario, **una baja autoestima puede hacerte más vulnerable a estos problemas**. Si constantemente te criticas o te sientes inútil, es más probable que experimentes sentimientos de tristeza, ansiedad o desesperanza.

El Círculo Vicioso de la Baja Autoestima

Uno de los mayores peligros de la baja autoestima es que puede convertirse en un círculo vicioso. **Cuando te sientes mal contigo mismo, es posible que evites situaciones que podrían hacerte sentir mejor.** Esto puede llevarte a aislarte, lo que a su vez puede empeorar tus sentimientos de inseguridad y tristeza.

Por ejemplo, si no crees que eres lo suficientemente bueno para hacer nuevos amigos, podrías evitar situaciones sociales, lo que te hace sentir más solo y refuerza tu creencia de que no eres digno de amistad. Romper este ciclo es clave para mejorar tu autoestima y, en consecuencia, tu salud mental.

Pasos para Fortalecer tu Autoestima

Practica la Autoaceptación

El primer paso para fortalecer tu autoestima es **aprender a aceptarte tal como eres**. Esto significa reconocer que tienes cualidades únicas y que no necesitas ser perfecto para tener valor. Todos cometemos errores y tenemos defectos, y eso está bien.

Enfrenta los Desafíos con Valentía

La única manera de crecer es **enfrentando los desafíos que se presentan en tu vida**. No evites las situaciones difíciles por miedo al fracaso. En lugar de eso, míralas como oportunidades para aprender y mejorar. Cada vez que superas un obstáculo, tu autoestima se fortalece.

Rodéate de Personas Positivas

Las personas con las que te rodeas tienen un gran impacto en cómo te sientes contigo mismo. **Busca rodearte de amigos y familiares que te apoyen, te respeten y te valoren.** Evita a las personas que te hacen sentir mal o que siempre te critican.

Cuida de Ti Mismo

El autocuidado es esencial para mantener una autoestima saludable. **Haz cosas que te hagan sentir bien, como practicar deportes, leer un buen libro, o simplemente pasar tiempo con personas que amas.** También es importante cuidar tu salud física, ya que esto afecta directamente cómo te sientes emocionalmente.

Habla Contigo Mismo de Manera Positiva

Finalmente, **presta atención a cómo te hablas a ti mismo.** La voz en tu cabeza tiene un gran poder. Si constantemente te dices que no eres lo suficientemente bueno, eventualmente lo creerás. Cambia ese diálogo interno y empieza a decirte cosas positivas. No es fácil, pero con práctica, puedes aprender a ser tu mejor amigo en lugar de tu peor crítico.

Conclusión: El Primer Paso en un Largo Viaje

La autoestima es fundamental para llevar una vida plena y feliz. **Comprender qué es la autoestima y por qué es tan importante es el primer paso para empezar a fortalecerla.** Recuerda que este es un viaje personal, único para cada uno, y que no hay un camino único o correcto. Lo importante es que te esfuerces por conocerte, aceptarte y valorarte, porque tú eres la persona más importante en tu vida.

Ahora que hemos comenzado a entender la importancia de la autoestima, en los próximos capítulos exploraremos más a fondo cómo puedes seguir desarrollándola y fortaleciendo tu relación contigo mismo. El viaje apenas empieza, y lo mejor está por venir. ¡Sigue adelante, rebelde, y descubre todo lo que vales!

Capítulo 2
Detectando los Síntomas de la Baja Autoestima

¿Alguna Vez Te Has Sentido Pequeño?

Imagina que estás en una habitación llena de gente. Todos parecen tan seguros de sí mismos, riendo, conversando y moviéndose con una confianza que casi parece brillar. Pero tú, en cambio, te sientes pequeño, como si fueras invisible, como si no pertenecieras a ese lugar. ¿Te ha pasado alguna vez? ¿Te has sentido como si no fueras lo suficientemente bueno, como si tus opiniones no importaran? **Esos sentimientos pueden ser señales de algo más profundo: la baja autoestima.**

Detectar los síntomas de la baja autoestima es como desenmascarar a un enemigo invisible. Es una batalla interna que muchos libran en silencio, sin siquiera darse cuenta de que lo que están experimentando no es normal, y mucho menos saludable. En este capítulo, vamos a explorar cómo identificar esos síntomas, tanto en ti mismo como en los demás, para que puedas empezar a cambiar la forma en que te ves y te tratas.

¿Qué es la Baja Autoestima?

Un Espejo Distorsionado

Antes de identificar los síntomas, es esencial entender qué es exactamente la baja autoestima. La baja autoestima es como un espejo distorsionado en el que te miras y ves una versión de ti que no es real. **Es cuando te enfocas únicamente en tus defectos, minimizando o ignorando por completo tus cualidades y logros.** Esto puede llevarte a pensar que no eres lo suficientemente bueno, que no mereces cosas buenas o que no eres digno de amor y respeto.

La baja autoestima puede manifestarse de muchas maneras y afectar diversas áreas de tu vida. **No es solo un sentimiento pasajero de inseguridad; es una percepción negativa de ti mismo que puede arraigarse profundamente si no se aborda.**

Síntomas Comunes de la Baja Autoestima

1. Autocrítica Constante

¿Te has dado cuenta de cómo te hablas a ti mismo? Si la voz en tu cabeza siempre está criticando lo que haces, lo que dices o cómo te ves, podría ser un síntoma claro de baja autoestima. **La autocrítica constante es como un bucle negativo que refuerza la idea de que nunca eres lo suficientemente bueno.** No importa cuán bien hagas algo, siempre te centras en lo que salió mal o en lo que podrías haber hecho mejor.

Cómo Reconocerlo

- **Eres tu peor crítico:** No necesitas que otros te critiquen porque ya lo haces tú mismo, y lo haces constantemente.

- **Minimizas tus logros:** Cuando logras algo, en lugar de sentirte orgulloso, piensas que no es gran cosa o que fue pura suerte.

- **Te comparas con los demás:** Siempre te comparas con los demás, y casi siempre sales perdiendo en esas comparaciones.

2. Miedo al Rechazo y a la Crítica

Otro síntoma común de la baja autoestima es el **miedo intenso al rechazo o a la crítica.** Esto puede hacer que te retraigas en situaciones sociales o que evites intentar cosas nuevas por miedo a fallar o a ser juzgado.

Cómo Reconocerlo

- **Evitas el riesgo:** Prefieres no intentar algo nuevo antes que arriesgarte a fracasar o a ser criticado.

- **Te preocupas demasiado por lo que piensan los demás:** Pasas mucho tiempo pensando en cómo te ven los demás y temes que te rechacen si no cumples con sus expectativas.

- **Te esfuerzas por complacer a los demás:** Haces cosas que no quieres hacer solo para evitar que otros se enojen o te rechacen.

3. Dificultad para Tomar Decisiones

¿Te cuesta tomar decisiones, incluso las más simples? Esto puede ser otro síntoma de baja autoestima. **Cuando no confías en ti mismo, es difícil creer que puedes tomar decisiones correctas.** Como resultado, puedes sentirte paralizado ante la toma de decisiones, temiendo siempre tomar la decisión equivocada.

Cómo Reconocerlo

- **Procrastinas constantemente:** Pospones decisiones importantes porque no confías en tu capacidad para tomar la decisión correcta.

- **Necesitas la aprobación de otros:** Buscas constantemente la opinión de los demás antes de tomar una decisión porque no confías en tu propio juicio.

- **Te sientes abrumado por decisiones simples:** Incluso algo tan simple como decidir qué comer o qué ropa ponerte puede convertirse en un dilema estresante.

4. Baja Expectativa de Logro

La baja autoestima también puede hacer que **tengas expectativas bajas sobre lo que puedes lograr en la vida.** Puede que sientas que no tienes lo necesario para alcanzar tus metas, por lo que prefieres no fijarte objetivos altos.

Cómo Reconocerlo

- **Te conformas con menos:** Crees que no mereces más, así que te conformas con lo que tienes, incluso si no te hace feliz.

- **No persigues tus sueños:** No persigues tus sueños o metas porque crees que no podrás lograrlos.

- **Saboteas tus propios esfuerzos:** Incluso cuando tienes la oportunidad de tener éxito, puedes encontrar maneras de sabotearte a ti mismo porque no crees que lo mereces.

5. Relaciones Tóxicas y Dependencia Emocional

La manera en que te ves a ti mismo también influye en las relaciones que mantienes. Si tienes una baja autoestima, es posible que te encuentres en relaciones tóxicas o que desarrolles una dependencia emocional hacia los demás.

Cómo Reconocerlo

- **Aceptas menos de lo que mereces:** Permites que los demás te traten mal o te falten al respeto porque crees que no mereces algo mejor.

- **Dependes demasiado de los demás para sentirte bien:** Buscas la validación y el amor de los demás porque no te sientes capaz de darte a ti mismo lo que necesitas.

- **Te cuesta decir "no":** Te resulta difícil establecer límites porque temes que, si lo haces, los demás te rechacen.

6. Falta de Autocuidado

El autocuidado es una señal de que te valoras. Si descuidas tu bienestar físico, emocional o mental, podría ser una señal de que no te consideras lo suficientemente importante como para cuidarte a ti mismo.

Cómo Reconocerlo

- **Descuidas tu salud física:** No te preocupas por comer bien, hacer ejercicio o descansar lo suficiente porque no lo consideras una prioridad.

- **Ignoras tus necesidades emocionales:** No te tomas el tiempo para cuidar tu salud emocional, como relajarte o hacer cosas que disfrutes.

- **Te exiges demasiado:** No permites que tu cuerpo y tu mente descansen porque sientes que siempre necesitas hacer más para "probar" tu valor.

7. Evitación Social

Si evitas situaciones sociales, puede ser un indicio de baja autoestima. El miedo a ser juzgado, rechazado o a no estar a la altura puede llevarte a aislarte y evitar interacciones con los demás.

Cómo Reconocerlo

- **Te sientes incómodo en situaciones sociales:** Las reuniones sociales te provocan ansiedad o incomodidad porque sientes que no perteneces o que los demás te juzgarán.

- **Prefieres estar solo:** Evitas las interacciones sociales siempre que es posible porque es más fácil que enfrentar el posible rechazo.

- **Te excusas para no asistir a eventos:** Encuentras excusas para no participar en eventos sociales, incluso si sabes que te podrían gustar.

8. Falta de Confianza en Uno Mismo

La falta de confianza en ti mismo es un síntoma claro de baja autoestima. Puede hacer que dudes de tus habilidades y que sientas que no puedes lograr lo que te propones.

Cómo Reconocerlo

- **Dudas de tus habilidades:** No crees que eres capaz de hacer bien las cosas, incluso cuando tienes experiencia o conocimientos.

- **Te sientes incapaz de enfrentar desafíos:** Los desafíos te parecen insuperables y prefieres evitarlos antes que intentarlo y fracasar.

- **Te criticas por tus errores:** Cuando cometes un error, te castigas a ti mismo y lo ves como una prueba de que no eres lo suficientemente bueno.

La Conexión entre los Síntomas y las Creencias Internas

Creencias Limitantes: El Origen de los Síntomas

La raíz de muchos de los síntomas de la baja autoestima son las creencias limitantes que tienes sobre ti mismo. Estas creencias son ideas negativas que has internalizado y que afectan la manera en que te ves y te comportas. Por ejemplo, si crees que no eres digno de amor, puedes sabotear tus relaciones o aceptar menos de lo que mereces.

Cómo Identificar Creencias Limitantes

- **Escucha tu diálogo interno:** Presta atención a las cosas que te dices a ti mismo. Si notas patrones de autocrítica, miedo al rechazo o dudas sobre tus habilidades, es probable que estés lidiando con creencias limitantes.

- **Reflexiona sobre tus comportamientos:** Pregúntate por qué actúas de cierta manera. ¿Evitas desafíos porque realmente no puedes con ellos, o porque temes fracasar? ¿Por qué te rodeas de personas que no te valoran?

- **Identifica tus miedos:** Los miedos suelen ser una señal de creencias limitantes. Si tienes miedo de fallar, ser rechazado o no ser lo suficientemente bueno, estas creencias podrían estar controlando tu vida.

Cómo Romper el Ciclo de la Baja Autoestima

Acepta tus Emociones y Pensamientos

El primer paso para romper el ciclo de la baja autoestima es **aceptar que tienes estos pensamientos y emociones**. Reconocerlos es el primer paso para cambiarlos. Recuerda que tener baja autoestima no significa que haya algo malo en ti; simplemente significa que has aprendido a verte de una manera negativa, y eso se puede desaprender.

Cuestiona tus Creencias Limitantes

Una vez que identifiques tus creencias limitantes, es importante cuestionarlas. Pregúntate si realmente son verdad, o si son solo ideas que has aceptado sin cuestionar. ¿Qué evidencia tienes de que no eres lo suficientemente bueno? ¿Qué te hace pensar que no puedes lograr tus metas?

Práctica la Autocompasión

La autocompasión es clave para superar la baja autoestima. Trata de ser amable contigo mismo, tal como lo serías con un amigo que está pasando por un momento difícil. Reconoce que, al igual que todos, tienes defectos y cometes errores, y eso está bien.

Busca Apoyo

A veces, superar la baja autoestima por ti mismo puede ser difícil. **No tengas miedo de buscar apoyo en amigos, familiares o un profesional de la salud mental**. Hablar con alguien sobre tus pensamientos y sentimientos puede ayudarte a ver las cosas desde una perspectiva diferente y a recibir el aliento que necesitas.

Conclusión: Detectar es el Primer Paso para Cambiar

Detectar los síntomas de la baja autoestima es el primer paso para cambiar la forma en que te ves a ti mismo. **Es un proceso que requiere tiempo, paciencia y esfuerzo, pero es posible**. Al identificar estos síntomas en ti mismo o en los demás, puedes comenzar a trabajar para superarlos y, eventualmente, construir una autoestima más saludable y positiva.

Recuerda que no estás solo en este viaje. La comunidad "Rebelde" está aquí para apoyarte y para recordarte que tu valor no depende de lo que los demás piensen de ti, sino de lo que tú pienses de ti mismo. ¡Sigue adelante, rebelde, y descubre tu verdadero valor!

Capítulo 3

El Camino hacia el Amor Propio: Aprendiendo a Quererse a Uno Mismo

El Secreto que Nadie Te Ha Contado

Imagina que hay un secreto poderoso, uno que si lo descubres y lo usas correctamente, puede cambiar tu vida para siempre. **Este secreto no está escondido en un libro antiguo o en un lugar lejano. Está dentro de ti.** Es algo que tienes desde que naciste, pero que a menudo olvidamos o ignoramos por completo a medida que crecemos. ¿Quieres saber de qué se trata? **Es el amor propio.**

El amor propio es la base sobre la cual se construye todo lo demás en tu vida. **Es la clave para desarrollar una autoestima saludable, para tener relaciones sanas y para enfrentar los desafíos con confianza.** En este capítulo, vamos a desentrañar este secreto, explorar qué es el amor propio y cómo puedes aprender a quererte a ti mismo, incluso en esos días en los que parece más difícil.

¿Qué es el Amor Propio?

Más que un Concepto: Una Práctica Diaria

El amor propio no es simplemente un concepto o una idea abstracta; **es una práctica diaria, un compromiso que haces contigo mismo.** Es la decisión de tratarte con el mismo respeto, cuidado y amabilidad que le darías a una persona que amas. Pero, ¿qué significa realmente amarse a uno mismo?

Amarse a uno mismo significa aceptar quién eres, con todas tus fortalezas y debilidades. Significa reconocer tu valor intrínseco, independientemente de tus logros, fracasos o de lo que los demás piensen de ti. **Es entender que tu valor no depende de factores externos, sino que es algo que llevas dentro, simplemente por** ser **quien eres.**

¿Por qué es Importante el Amor Propio?

El amor propio es fundamental porque **afecta todas las áreas de tu vida.** Cuando te amas a ti mismo, te cuidas mejor, tomas decisiones más saludables y te relacionas con los demás desde un lugar de seguridad y confianza. El amor propio también te protege contra la autocrítica destructiva, el miedo al rechazo y la dependencia emocional. **Es el escudo que te protege de los golpes de la vida** y te da la fuerza para seguir adelante, incluso cuando las cosas se ponen difíciles.

Cómo Identificar la Falta de Amor Propio

Señales de que Necesitas Trabajar en tu Amor Propio

A menudo, es más fácil notar la falta de amor propio en nuestras vidas antes de que podamos empezar a desarrollarlo. **Aquí hay algunas señales que indican que podrías necesitar trabajar en tu amor propio:**

- **Te criticas constantemente:** Si tiendes a ser muy duro contigo mismo, a castigarte por cada error y a minimizar tus logros, es probable que necesites fortalecer tu amor propio.

- **Tienes miedo de fallar:** El miedo al fracaso puede ser una señal de que no te sientes lo suficientemente seguro en ti mismo y que no te valoras lo suficiente.

- **Te comparas con los demás:** Si siempre te estás comparando con otros y sientes que nunca estás a la altura, eso puede indicar una falta de amor propio.

- **Aceptas menos de lo que mereces:** Si te conformas con relaciones o situaciones que no te hacen feliz porque crees que no mereces algo mejor, es hora de empezar a trabajar en tu amor propio.

El Camino hacia el Amor Propio

Paso 1: Reconoce tu Valor Intrínseco

El primer paso en el camino hacia el amor propio es **reconocer que tienes un valor intrínseco que no depende de nada externo.** No depende de tus logros, de tu apariencia, ni de lo que los demás piensen de ti. **Tienes valor simplemente por ser tú.** Reconocer esto puede ser difícil, especialmente si has pasado mucho tiempo creyendo lo contrario, pero es un paso esencial.

Ejercicio para Reconocer tu Valor

- **Haz una lista de tus cualidades:** Escribe todas las cosas que te gustan de ti, incluso las pequeñas. Si te resulta difícil, pide a alguien cercano que te ayude. Este ejercicio te ayudará a centrarte en lo positivo y a empezar a ver tu valor intrínseco.

- **Reflexiona sobre tus logros:** Tómate un momento para recordar todas las cosas que has logrado en tu vida, por pequeñas que parezcan. Estos logros son prueba de tu capacidad y valía.

Paso 2: Practica la Autocompasión

El segundo paso es aprender a **ser compasivo contigo mismo.** La autocompasión es la capacidad de tratarte con amabilidad, especialmente en momentos de dificultad o cuando cometes un error. **Es como ser tu propio mejor amigo en lugar de tu peor enemigo.**

Cómo Practicar la Autocompasión

- **Habla contigo mismo como lo harías con un amigo:** Cuando te enfrentes a un desafío o cometas un error, pregúntate: "¿Qué le diría a un amigo en esta situación?". Luego, trata de hablarte a ti mismo de la misma manera.

- **Permítete sentir:** Acepta que es normal sentirse mal a veces y que no necesitas ser perfecto. **Está bien sentir tristeza, frustración o enojo; lo importante es cómo te tratas a ti mismo en esos momentos.**

Paso 3: Establece Límites Saludables

El amor propio también implica **establecer y mantener límites saludables en tus relaciones.** Esto significa respetar tus propias necesidades y no permitir que los demás te traten de manera que te haga sentir mal contigo mismo.

Cómo Establecer Límites

- **Identifica tus límites:** Reflexiona sobre lo que es aceptable para ti en tus relaciones y lo que no lo es. Esto puede incluir cómo te tratan, cómo te hablan o qué esperan de ti.

- **Comunica tus límites claramente:** Habla con las personas en tu vida sobre tus límites de manera clara y respetuosa. No necesitas justificarte; simplemente expresa lo que necesitas para sentirte bien.

- **Respeta tus propios límites: No solo se trata de comunicar tus límites, sino también de respetarlos.** Si permites que los demás los crucen, estarás enviando el mensaje de que no te valoras lo suficiente.

Paso 4: Cuida de Ti Mismo

Cuidar de ti mismo es una de las maneras más poderosas de mostrarte amor propio. Esto incluye tanto el autocuidado físico como emocional y mental.

Prácticas de Autocuidado

- **Alimentación saludable:** Comer bien no solo es importante para tu cuerpo, sino también para tu mente. **Una alimentación balanceada puede mejorar tu estado de ánimo y tu energía.**

- **Ejercicio regular:** La actividad física no solo te mantiene en forma, sino que también libera endorfinas, las hormonas que te hacen sentir bien.

- **Tiempo para ti mismo:** Dedica tiempo a hacer cosas que disfrutes, ya sea leer, escuchar música, caminar en la naturaleza o cualquier otra actividad que te haga sentir bien.

- **Descanso adecuado: El descanso es esencial para tu bienestar físico y mental.** Asegúrate de dormir lo suficiente y de tomarte descansos durante el día.

Paso 5: Rodéate de Personas que Te Apoyen

Las personas con las que te rodeas pueden tener un gran impacto en cómo te sientes contigo mismo. Es importante rodearte de personas que te apoyen, te respeten y te valoren por quien eres.

Cómo Elegir tu Círculo Social

- **Busca relaciones positivas:** Rodéate de personas que te hagan sentir bien contigo mismo, que te apoyen y que te motiven a ser la mejor versión de ti.

- **Aléjate de las relaciones tóxicas:** Si hay personas en tu vida que constantemente te critican, te menosprecian o te hacen sentir mal, puede ser hora de reconsiderar esas relaciones.

- **Construye una red de apoyo: Busca amigos, mentores o grupos de apoyo que compartan tus valores y te apoyen en tu camino hacia el amor propio.**

Paso 6: Acepta tus Imperfecciones

Amarte a ti mismo no significa pensar que eres perfecto, sino aceptar que no lo eres y estar bien con eso. Todos cometemos errores y todos tenemos defectos. **Lo que importa es cómo nos tratamos a nosotros mismos a pesar de esas imperfecciones.**

Cómo Aceptar tus Imperfecciones

- **Sé realista contigo mismo:** Reconoce que no necesitas ser perfecto para ser valioso. **La perfección es una meta inalcanzable y tratar de alcanzarla solo te llevará a la frustración.**

- **Practica la gratitud:** En lugar de enfocarte en lo que te falta, **enfócate en lo que tienes** y en lo que ya has logrado. Practicar la gratitud puede cambiar tu perspectiva y ayudarte a aceptar tus imperfecciones.

- **Permítete cometer errores: Los errores son una parte natural del aprendizaje y del crecimiento.** En lugar de castigarte por ellos, aprende de ellos y sigue adelante.

Transformando el Amor Propio en Acción

Amor Propio en tu Vida Diaria

Una vez que hayas empezado a desarrollar el amor propio, **es importante que lo apliques en tu vida diaria.** Esto significa tomar decisiones que reflejen tu valor, cuidarte a ti mismo y mantener relaciones que te nutran.

Cómo Integrar el Amor Propio en tu Vida

- **Toma decisiones que reflejen tu valor:** Cuando enfrentes decisiones, pregúntate qué opción es la mejor para ti y actúa en consecuencia.

- **Haz del autocuidado una prioridad: No dejes que el autocuidado sea lo primero que sacrificas cuando estás ocupado o estresado.** Hazlo una prioridad diaria.

- **Mantén relaciones saludables: Elige estar cerca de personas que te respeten, te apoyen y te motiven a ser la mejor versión de ti.**

El Impacto del Amor Propio en tu Vida

Desarrollar el amor propio puede transformar tu vida de maneras que nunca imaginaste. Cuando te amas a ti mismo, te vuelves más resiliente, más seguro y más capaz de enfrentar los desafíos de la vida. Tus relaciones mejoran, porque ya no dependes de los demás para sentirte valioso, y tu bienestar general aumenta.

El amor propio es un viaje, no un destino. Es algo en lo que trabajarás toda tu vida, pero los beneficios que obtendrás valen cada esfuerzo. Al aprender a amarte a ti mismo, descubrirás una fuente inagotable de fuerza, paz y felicidad dentro de ti.

Conclusión: El Amor Propio es el Primer Paso hacia una Vida Plena

El camino hacia el amor propio es un viaje de autodescubrimiento y crecimiento. **Es un proceso continuo que requiere paciencia, práctica y compromiso, pero es el primer paso hacia una vida plena y significativa.** Al aprender a quererte a ti mismo, estás construyendo una base sólida para tu autoestima, tus relaciones y tu bienestar general.

Recuerda que en la comunidad "Rebelde", no estás solo en este viaje. Estamos aquí para apoyarte, para recordarte tu valor y para alentarte a seguir adelante, incluso cuando las cosas se pongan difíciles. ¡Sigue adelante, rebelde, y descubre el poder del amor propio!

Capítulo 4

Construyendo Autoconfianza: Clave para una Alta Autoestima

El Puente Invisible hacia la Seguridad Interior

Imagina estar frente a un puente invisible que conecta dos partes de un cañón. De un lado, está la duda, el miedo y la inseguridad; del otro lado, se encuentra la confianza, la seguridad y la autoestima elevada. **Este puente es la autoconfianza,** y aunque puede parecer que caminar por él es difícil, es lo que te llevará a una vida más plena y segura.

La autoconfianza no es un don que pocos tienen; **es una habilidad que todos podemos desarrollar.** En este capítulo, vamos a explorar cómo puedes construir y fortalecer tu autoconfianza, un elemento esencial para alcanzar una autoestima alta. **Descubriremos que la autoconfianza no es solo creer en uno mismo, sino también actuar con seguridad, incluso cuando no estamos seguros de lo que vendrá.**

¿Qué es la Autoconfianza?

Definiendo la Autoconfianza

Antes de aprender a construirla, **es importante entender qué es realmente la autoconfianza.** La autoconfianza es la creencia en tus propias habilidades y juicio. Es la sensación interna de que puedes enfrentar desafíos, tomar decisiones y manejar situaciones, sin importar lo que los demás piensen o digan.

La autoconfianza se basa en la aceptación de tus habilidades, defectos y el entendimiento de que, aunque no seas perfecto, tienes el valor y la capacidad para enfrentar la vida con valentía.

Autoconfianza vs. Arrogancia: ¿Cuál es la Diferencia?

Es crucial entender que **la autoconfianza no es lo mismo que la arrogancia**. La autoconfianza se basa en el conocimiento y la aceptación de tus habilidades y limitaciones, mientras que la arrogancia es la creencia exagerada en tus propias capacidades, ignorando o menospreciando a los demás. **La autoconfianza te hace sentir seguro de quién eres, mientras que la arrogancia puede llevarte a la sobreestimación y a alejarte de los demás.**

La Importancia de la Autoconfianza en la Autoestima

Cómo la Autoconfianza Influye en tu Autoestima

La autoconfianza es una parte vital de la autoestima. **Cuanto más confías en ti mismo, más valoras quién eres, y eso refuerza tu autoestima.** Cuando confías en ti mismo, eres más propenso a tomar riesgos, a enfrentar desafíos y a aprender de tus errores, en lugar de dejar que te definan.

La autoconfianza te da la fuerza para mantener tu autoestima alta, incluso cuando enfrentas críticas o fracasos. **Sin autoconfianza, es fácil caer en la trampa de la duda y la autocrítica, lo que puede debilitar tu autoestima y hacerte sentir incapaz.**

Autoconfianza y el Ciclo de la Autoestima

La relación entre la autoconfianza y la autoestima es cíclica: **cuanta más autoconfianza tienes, más crece tu autoestima, y cuanto más alta es tu autoestima, más se fortalece tu autoconfianza.** Este ciclo positivo te ayuda a enfrentar los desafíos de la vida con una mentalidad más abierta y resiliente.

Pasos para Construir Autoconfianza

Paso 1: Conoce tus Fortalezas y Áreas de Mejora

El primer paso para construir autoconfianza es conocerte a ti mismo. Esto significa reconocer tanto tus fortalezas como tus áreas de mejora. Todos tenemos habilidades en las que somos naturalmente buenos, y otras en las que podemos necesitar un poco más de trabajo.

Ejercicio de Autoconocimiento

1. **Haz una lista de tus fortalezas:** Piensa en todas las cosas que haces bien, desde habilidades en la escuela o el trabajo, hasta características personales como la empatía o la creatividad.
2. **Identifica tus áreas de mejora:** Reflexiona sobre las habilidades o hábitos que te gustaría mejorar. Recuerda que identificar estas áreas no es un acto de autocrítica, sino una oportunidad para crecer.
3. **Establece metas realistas:** Una vez que hayas identificado tus fortalezas y áreas de mejora, establece metas alcanzables que te ayuden a mejorar. **Cada pequeño logro fortalecerá tu autoconfianza.**

Paso 2: Acepta el Miedo y Aprende a Superarlo

El miedo es una emoción natural, pero **no debe ser un obstáculo para tu crecimiento.** La autoconfianza no significa la ausencia de miedo, sino la capacidad de actuar a pesar de él.

Técnicas para Superar el Miedo

1. **Enfrenta tus miedos gradualmente:** Si algo te asusta, comienza enfrentándolo poco a poco. Por ejemplo, si te da

miedo hablar en público, empieza practicando frente a un espejo o con un grupo pequeño de amigos.

2. **Visualiza el éxito: Antes de enfrentarte a una situación que te da miedo, visualiza un resultado positivo**. Esto puede ayudarte a reducir la ansiedad y a sentirte más preparado.

3. **Reflexiona sobre tus éxitos pasados:** Recuerda momentos en los que superaste el miedo y saliste victorioso. **Usa esas experiencias como recordatorio de que puedes superar cualquier desafío.**

Paso 3: Sal de tu Zona de Confort

La autoconfianza se construye cuando te desafías a ti mismo. Si siempre te quedas en tu zona de confort, nunca aprenderás de lo que eres capaz. Salir de tu zona de confort significa intentar cosas nuevas, tomar riesgos calculados y aceptar que no siempre tendrás éxito, pero que cada intento es una oportunidad para crecer.

Cómo Ampliar tu Zona de Confort

1. **Haz algo nuevo cada día:** No tiene que ser algo grande; puede ser tan simple como probar una nueva comida o hablar con alguien nuevo. **Cada pequeña experiencia fuera de tu zona de confort te ayuda a crecer.**

2. **Acepta el fracaso como parte del proceso:** El fracaso no es el fin, es una oportunidad para aprender. **Cada vez que fallas, estás un paso más cerca del éxito.**

3. **Rodéate de personas que te apoyen:** Tener un grupo de apoyo puede darte el valor que necesitas para salir de tu zona de confort. **Rodéate de personas que te animen a tomar riesgos y que celebren tus éxitos contigo.**

Paso 4: Practica la Autocompasión

Construir autoconfianza no significa ser duro contigo mismo. Al contrario, necesitas ser compasivo contigo mismo, especialmente cuando enfrentas desafíos o cometes errores. La autocompasión significa tratarte con amabilidad y entender que todos cometemos errores y enfrentamos dificultades.

Cómo Practicar la Autocompasión

1. **Sé consciente de tu diálogo interno: Presta atención a cómo te hablas a ti mismo, especialmente en momentos de estrés o fracaso.** Intenta reemplazar los pensamientos negativos con palabras de aliento.
2. **Permítete cometer errores:** Recuerda que los errores son una parte natural del aprendizaje. **En lugar de castigarte, aprende de ellos y sigue adelante.**
3. **Date crédito por tus logros: Asegúrate de reconocer y celebrar tus éxitos, no importa cuán pequeños sean.** Esto refuerza la creencia en tus propias habilidades y construye tu autoconfianza.

Paso 5: Establece Metas Claras y Alcanzables

Las metas claras y alcanzables son esenciales para construir autoconfianza. Cuando tienes un objetivo claro y trabajas para alcanzarlo, cada paso que das refuerza tu creencia en ti mismo.

Cómo Establecer Metas

1. **Establece metas SMART:** Asegúrate de que tus metas sean Específicas, Medibles, Alcanzables, Relevantes y con un Tiempo definido. **Esto te ayudará a mantenerte enfocado y**

motivado.

2. **Divide tus metas en pasos pequeños: En lugar de ver una meta como algo abrumador, divídela en pasos más pequeños y manejables.** Cada pequeño logro te dará un impulso de confianza.

3. **Evalúa tu progreso regularmente: Tómate el tiempo para revisar tu progreso y ajustar tus metas si es necesario.** Esto te ayuda a mantener la perspectiva y a celebrar tus éxitos.

Superando Obstáculos en el Camino hacia la Autoconfianza

El Papel de la Autocrítica en la Autoconfianza

La autocrítica es uno de los mayores obstáculos para la autoconfianza. **Es importante aprender a manejar la autocrítica para que no te detenga.** La autocrítica destructiva puede debilitar tu confianza y hacerte dudar de tus capacidades.

Cómo Manejar la Autocrítica

1. **Identifica la autocrítica: Reconoce cuándo estás siendo demasiado duro contigo mismo.** A veces, la autocrítica puede disfrazarse de "realismo", pero si está minando tu confianza, no es útil.

2. **Reformula tus pensamientos negativos:** En lugar de decir "No soy lo suficientemente bueno", trata de pensar "Estoy trabajando para mejorar". **Esto cambia la perspectiva de un juicio a un proceso de crecimiento.**

3. **Comparte tus sentimientos:** Hablar con alguien de confianza sobre tus pensamientos autocríticos puede ayudarte a poner las cosas en perspectiva y a obtener apoyo.

Enfrentando la Comparación Social

Compararse con los demás es otro obstáculo común para la autoconfianza. Es fácil caer en la trampa de medir tu valía en función de lo que otros han logrado, pero esto puede ser perjudicial.

Cómo Dejar de Compararte con los Demás

1. **Concéntrate en tu propio progreso:** En lugar de compararte con los demás, **enfócate en lo que has logrado y en lo que quieres lograr.**
2. **Recuerda que cada persona tiene su propio camino: Todos tenemos diferentes fortalezas, desafíos y tiempos.** Compararte con los demás no es justo ni útil.
3. **Limita el uso de redes sociales: Las redes sociales pueden aumentar la tentación de compararte.** Intenta limitar el tiempo que pasas en ellas y recuerda que lo que ves en línea no siempre refleja la realidad.

El Impacto Duradero de la Autoconfianza en la Autoestima

Construir autoconfianza es un proceso continuo, pero sus beneficios son duraderos. A medida que desarrollas tu autoconfianza, notarás que tu autoestima se fortalece, que te sientes más capaz de enfrentar desafíos y que eres más resiliente ante las dificultades.

Cómo la Autoconfianza Te Empodera

La autoconfianza te da el poder de tomar decisiones que son mejores para ti, de perseguir tus sueños sin miedo y de enfrentarte a la vida con una actitud positiva. **Cuando confías en ti mismo, te das cuenta de que eres capaz de mucho más de lo que pensabas, y esto refuerza tu autoestima de manera significativa.**

Conclusión: El Camino hacia una Autoconfianza Inquebrantable

El camino hacia la autoconfianza es personal y único para cada uno de nosotros. **No hay un atajo para desarrollar una autoconfianza inquebrantable, pero cada paso que das te acerca a una vida más segura y plena**. Recuerda que la autoconfianza es una habilidad que puedes construir, sin importar de dónde comiences.

Como parte de la comunidad "Rebelde", no estás solo en este viaje. Juntos, podemos apoyarnos mutuamente para superar los desafíos y celebrar los éxitos en el camino hacia una autoconfianza sólida y una autoestima elevada. ¡Sigue adelante, rebelde, y descubre el poder que tienes dentro de ti para construir la vida que deseas!

Capítulo 5

Los Seis Pilares de la Autoestima: Fundamentos para una Vida Plena

Un Viaje hacia la Autoestima Plena

Imagina que tu vida es una casa. Para que esta casa sea sólida y resistente a las tormentas de la vida, necesita una base fuerte. **Esa base está compuesta por los seis pilares de la autoestima.** Estos pilares son como las columnas que sostienen tu bienestar emocional y mental. Sin ellos, es fácil que todo se derrumbe cuando enfrentamos desafíos o críticas.

En este capítulo, vamos a explorar en detalle cada uno de estos pilares y cómo puedes fortalecerlos en tu vida diaria. Al final, tendrás una comprensión clara de lo que significa tener una autoestima sólida y cómo puedes comenzar a construirla, un pilar a la vez.

¿Qué son los Seis Pilares de la Autoestima?

Definiendo los Pilares de la Autoestima

Los seis pilares de la autoestima fueron propuestos por el psicoterapeuta Nathaniel Branden, quien dedicó gran parte de su vida a estudiar la autoestima y su impacto en nuestras vidas. **Estos pilares representan las prácticas y actitudes fundamentales que son necesarias para desarrollar y mantener una autoestima saludable.**

Cada uno de estos pilares es interdependiente; es decir, todos se apoyan entre sí. Fortalecer un pilar refuerza los demás, mientras que descuidar uno puede debilitar toda la estructura de tu autoestima.

La Importancia de los Seis Pilares

Los seis pilares no son solo conceptos abstractos, sino herramientas prácticas que puedes aplicar en tu vida diaria. Son esenciales porque proporcionan una guía clara sobre cómo puedes mejorar tu relación contigo mismo y con los demás. **Al enfocarte en estos pilares, no solo aumentas tu autoestima, sino que también creas una vida más plena, satisfactoria y resiliente.**

Pilar 1: Vivir Conscientemente

¿Qué Significa Vivir Conscientemente?

Vivir conscientemente significa estar presente en el momento, ser consciente de tus pensamientos, emociones y acciones. **Es el primer paso para desarrollar una autoestima saludable porque te permite conocerte mejor y entender cómo tus decisiones afectan tu vida.**

Cómo Practicar el Vivir Conscientemente

1. **Presta atención a tus pensamientos y emociones:** A menudo, vivimos en piloto automático, sin detenernos a reflexionar sobre lo que realmente sentimos o pensamos. **Tómate el tiempo para observar tus pensamientos y cómo te sientes en diferentes situaciones.**

2. **Haz preguntas:** Pregúntate a ti mismo por qué haces las cosas de la manera en que las haces. **¿Tus acciones reflejan tus verdaderos valores y deseos?** Cuestionarte te ayudará a tomar decisiones más conscientes y alineadas con quien eres realmente.

3. **Practica la atención plena (mindfulness):** Dedica unos minutos cada día a practicar la atención plena. **Esto puede ayudarte a estar más presente y a ser más consciente de tus**

pensamientos y emociones.

El Impacto de Vivir Conscientemente en tu Autoestima

Cuando vives conscientemente, **tienes una visión más clara de quién eres y qué necesitas para sentirte bien contigo mismo.** Esta claridad te permite hacer elecciones que refuercen tu autoestima y te guíen hacia una vida más plena.

Pilar 2: La Aceptación de Uno Mismo

Entendiendo la Autoaceptación

La autoaceptación es **la práctica de aceptar todos los aspectos de ti mismo, tanto los positivos como los negativos.** Es reconocer tus fortalezas y debilidades sin juzgarte duramente, y entender que todos somos imperfectos y eso está bien.

Cómo Practicar la Autoaceptación

1. **Reconoce tus fortalezas y debilidades: Haz una lista de tus cualidades y áreas en las que te gustaría mejorar.** Acepta que ambas son parte de ti y que ninguna te define completamente.
2. **Deja de compararte con los demás:** La comparación es un enemigo de la autoaceptación. **En lugar de medir tu valor en función de los demás, enfócate en tu propio camino y en tus propios logros.**
3. **Perdónate por los errores del pasado: Todos cometemos errores.** En lugar de castigarte por ellos, úsales como oportunidades para aprender y crecer. El perdón hacia uno mismo es un paso clave hacia la autoaceptación.

El Rol de la Autoaceptación en la Autoestima

La autoaceptación es fundamental para la autoestima porque **te permite
sentirte cómodo con quién eres, sin importar tus imperfecciones.**
Cuando te aceptas a ti mismo, tu autoestima se vuelve más resistente a las
críticas externas y a las dudas internas.

Pilar 3: La Responsabilidad Personal

Asumiendo la Responsabilidad de tu Vida

La responsabilidad personal implica **reconocer que eres el principal
agente de tu vida.** Es entender que, aunque no puedes controlar todo lo
que te sucede, sí puedes controlar cómo respondes a ello.

Cómo Practicar la Responsabilidad Personal

1. **Toma decisiones conscientes: Cada día estás tomando
   decisiones que afectan tu vida.** Asegúrate de que estas
   decisiones están alineadas con tus valores y objetivos.
2. **Acepta las consecuencias de tus acciones:** Tanto si el
   resultado es positivo como negativo, **asume la responsabilidad
   por tus decisiones y acciones.** Esto te ayudará a aprender de
   tus errores y a crecer.
3. **Evita el papel de víctima: Es fácil culpar a los demás o a las
   circunstancias por lo que te pasa.** Sin embargo, para construir
   una autoestima fuerte, necesitas asumir la responsabilidad de tu
   vida, incluso en situaciones difíciles.

La Importancia de la Responsabilidad Personal en la Autoestima

Cuando asumes la responsabilidad de tu vida, **refuerzas tu
autoconfianza y tu sentido de control.** Esto, a su vez, fortalece tu

autoestima, porque te ves a ti mismo como una persona capaz y en control de su propio destino.

Pilar 4: La Autoafirmación

Qué es la Autoafirmación

La autoafirmación es **la práctica de respetar y expresar tus pensamientos, deseos y necesidades de manera honesta y asertiva.** Es defender tus derechos y tomar tu lugar en el mundo sin disculparte por ello.

Cómo Practicar la Autoafirmación

1. **Comunica tus necesidades y deseos: No tengas miedo de expresar lo que realmente piensas y sientes.** La autoafirmación significa ser honesto contigo mismo y con los demás.
2. **Establece límites saludables: Aprende a decir "no" cuando sea necesario y establece límites que respeten tu bienestar emocional y físico.** Esto es una parte esencial de la autoafirmación.
3. **Practica el respeto por ti mismo: Trátate con la misma dignidad y respeto con los que tratarías a los demás.** Esto incluye no permitir que otros te traten mal o te manipulen.

El Impacto de la Autoafirmación en la Autoestima

La autoafirmación **refuerza tu autoestima al permitirte vivir en coherencia con tus valores y necesidades.** Cuando te afirmas a ti mismo, te das cuenta de que mereces respeto y consideración, lo que refuerza tu autoestima.

Pilar 5: La Vivencia de un Propósito

Entendiendo la Vivencia de un Propósito

Tener un propósito en la vida **es saber hacia dónde te diriges y por qué.** Es tener metas que te motiven y te den una razón para levantarte cada día.

Cómo Encontrar y Vivir tu Propósito

1. **Identifica lo que te apasiona: Reflexiona sobre las actividades o causas que te llenan de energía y satisfacción.** Esto puede darte pistas sobre cuál es tu propósito.
2. **Establece metas significativas: Fija metas que estén alineadas con tu propósito y que te desafíen a crecer.** Las metas te dan dirección y te mantienen enfocado en lo que realmente importa.
3. **Haz contribuciones que te importen: Encuentra maneras de contribuir a algo más grande que tú mismo**, ya sea ayudando a otros, creando algo nuevo, o defendiendo una causa. Contribuir a algo significativo refuerza tu sentido de propósito.

El Rol del Propósito en la Autoestima

Tener un propósito te da **un sentido de dirección y significado en la vida,** lo que fortalece tu autoestima. Cuando vives con un propósito, te sientes más conectado contigo mismo y con el mundo que te rodea.

Pilar 6: La Integridad Personal

Definiendo la Integridad Personal

La integridad personal es **la coherencia entre lo que piensas, dices y haces.** Es vivir de acuerdo con tus valores y principios, incluso cuando es difícil o incómodo.

Cómo Practicar la Integridad Personal

1. **Conoce tus valores: Identifica cuáles son los principios y valores que son más importantes para ti.** Estos serán la base de tu integridad personal.
2. **Actúa en coherencia con tus valores: Asegúrate de que tus acciones reflejen tus valores y principios.** Esto incluye ser honesto, cumplir tus promesas y tratar a los demás con respeto.
3. **Reflexiona sobre tus decisiones: Después de tomar decisiones, reflexiona sobre si actuaste de acuerdo con tu integridad.** Si no lo hiciste, considera qué puedes hacer diferente la próxima vez.

La Importancia de la Integridad Personal en la Autoestima

La integridad personal **fortalece tu autoestima porque te permite vivir en coherencia con quien eres realmente.** Cuando actúas con integridad, te sientes más auténtico y seguro de ti mismo, lo que refuerza tu autoestima.

Construyendo una Base Sólida para una Vida Plena

Los seis pilares de la autoestima no son una solución rápida o mágica. **Son prácticas diarias que requieren tiempo y esfuerzo**, pero los beneficios son enormes. A medida que trabajas en fortalecer cada uno de estos pilares, notarás que tu autoestima se vuelve más sólida y resistente, y que tu vida se llena de un sentido más profundo de satisfacción y plenitud.

Recuerda que **cada paso que das hacia fortalecer estos pilares es un paso hacia una vida más auténtica y significativa.** No importa dónde comiences, lo importante es que estás en el camino correcto hacia una autoestima saludable y una vida plena.

¡Sigue adelante, rebelde, y construye los fundamentos para la vida que realmente deseas vivir!

Capítulo 6
Cómo Mejorar la Autoestima: Estrategias Prácticas

El Punto de Partida: Reconociendo la Necesidad de un Cambio

Te has preguntado alguna vez: ¿qué se siente tener una autoestima alta? Tal vez te imaginas siendo más seguro, más feliz, más capaz de enfrentar los desafíos de la vida. Pero, ¿cómo llegamos allí? Mejorar la autoestima es como subir una montaña: es un proceso que requiere esfuerzo, paciencia y estrategias efectivas.

En este capítulo, te guiaré por diferentes caminos que puedes tomar para elevar tu autoestima. Cada estrategia es una herramienta que puedes usar en tu vida diaria para construir una versión más fuerte, segura y feliz de ti mismo. **Imagina que estas estrategias son como las piezas de un rompecabezas, y al unirlas todas, construyes la imagen completa de una autoestima saludable.**

Estrategia 1: Cambia tu Diálogo Interno

Entendiendo el Poder de tus Pensamientos

Tu diálogo interno es la conversación que mantienes contigo mismo a lo largo del día. **Es esa voz en tu cabeza que te dice si lo que haces está bien o mal, si eres suficiente o no, si puedes lograr algo o si deberías rendirte.** Esta voz interna tiene un poder increíble sobre cómo te sientes contigo mismo.

Si esta voz es constantemente crítica, es como tener un enemigo interno que socava tu autoestima. Pero la buena noticia es que puedes cambiar esta voz. Puedes transformarla en un aliado que te apoye y te impulse hacia adelante.

Pasos para Mejorar tu Diálogo Interno

1. **Identifica los pensamientos negativos:** El primer paso es ser consciente de los pensamientos negativos que surgen en tu mente. **Presta atención a momentos específicos en los que te sientes mal contigo mismo y anota lo que tu mente te está diciendo en esos momentos.**

2. **Desafía esos pensamientos:** Una vez que hayas identificado los pensamientos negativos, **pregúntate si realmente son ciertos**. A menudo, descubrirás que estos pensamientos son exageraciones o distorsiones de la realidad.

3. **Reemplaza los pensamientos negativos por positivos: En lugar de decirte "No puedo hacer esto"**, intenta decirte "Voy a intentarlo, y aunque no salga perfecto, es una oportunidad para aprender". **El cambio no ocurrirá de la noche a la mañana, pero con la práctica, tu diálogo interno se volverá más positivo y constructivo.**

El Impacto del Diálogo Interno en la Autoestima

Cambiar tu diálogo interno **puede tener un impacto profundo en tu autoestima.** Cuando te tratas con más amabilidad y comprensión, empiezas a sentirte más valioso y capaz. **Esto no solo mejora cómo te sientes contigo mismo, sino también cómo enfrentas los desafíos y cómo te relacionas con los demás.**

Estrategia 2: Establece Metas y Celebra tus Logros

La Importancia de las Metas en la Autoestima

Tener metas claras y alcanzables **te da una dirección y un propósito en la vida.** Cuando trabajas hacia una meta, sientes que estás avanzando, que estás logrando algo. **Cada pequeño paso que das hacia esa meta refuerza tu autoestima, porque te demuestra que eres capaz de lograr lo que te propones.**

Cómo Establecer Metas Efectivas

1. **Haz que tus metas sean específicas y alcanzables:** En lugar de decir "Quiero ser más feliz", establece una meta específica como "Voy a dedicar 30 minutos al día a una actividad que disfruto". **Esto hace que la meta sea más tangible y manejable.**

2. **Divide las metas grandes en pasos pequeños: Si tu objetivo es grande, como "mejorar en la escuela"**, divídelo en pasos más pequeños, como "estudiar 20 minutos más cada día" o "hacer una pregunta en cada clase". Cada pequeño logro te acerca a tu meta y refuerza tu confianza.

3. **Celebra tus logros, por pequeños que sean: Cada vez que alcanzas un paso hacia tu meta, tómate un momento para celebrarlo.** Reconocer tus logros, por pequeños que sean, fortalece tu autoestima al recordarte que eres capaz de lograr lo que te propones.

El Efecto de las Metas en la Autoestima

Establecer y alcanzar metas **te da una sensación de logro y competencia,** lo que es fundamental para una autoestima saludable. Cada meta alcanzada es una prueba de que puedes confiar en ti mismo y en tus capacidades.

Estrategia 3: Rodéate de Influencias Positivas

El Poder del Entorno en la Autoestima

Las personas con las que te rodeas tienen un gran impacto en cómo te sientes contigo mismo. **Si estás constantemente rodeado de personas que te critican o te hacen sentir menos, es probable que tu autoestima se vea afectada.** Por otro lado, si te rodeas de personas que te apoyan, te animan y te valoran, tu autoestima florecerá.

Cómo Elegir Relaciones que Fortalezcan tu Autoestima

1. **Identifica a las personas que te apoyan: Haz una lista de las personas en tu vida que te hacen sentir bien contigo mismo.** Estas son las personas con las que debes pasar más tiempo.
2. **Limita el tiempo con personas que te hagan sentir mal: No siempre puedes evitar a las personas negativas** (por ejemplo, en la escuela o en el trabajo), pero puedes limitar el tiempo que pasas con ellas o cómo permites que te afecten.
3. **Busca nuevas relaciones positivas: Involúcrate en actividades o grupos donde puedas conocer a personas con intereses similares y una mentalidad positiva.** Estas nuevas conexiones pueden ser una fuente importante de apoyo emocional y autoestima.

El Impacto de las Relaciones en la Autoestima

Cuando te rodeas de personas que te valoran y te apoyan, **te sientes más seguro y valioso.** Estas relaciones actúan como un espejo, reflejando tus cualidades positivas y ayudándote a ver lo que a veces puedes pasar por alto en ti mismo.

Estrategia 4: Practica el Cuidado Personal

El Cuidado Personal como Base de la Autoestima

El cuidado personal **no se trata solo de hacer cosas que te hacen sentir bien en el momento,** sino de cuidar tu bienestar físico, mental y emocional de manera regular. **Cuando te cuidas a ti mismo, envías un mensaje a tu subconsciente de que eres valioso y digno de amor.**

Cómo Incorporar el Cuidado Personal en tu Vida

1. **Prioriza el sueño y la alimentación: Dormir lo suficiente y comer de manera saludable son esenciales para sentirte bien física y emocionalmente.** Cuando te sientes bien físicamente, es más fácil mantener una autoestima positiva.
2. **Haz ejercicio regularmente: El ejercicio no solo mejora tu salud física, sino que también libera endorfinas,** que son hormonas que te hacen sentir bien. Incluso un poco de ejercicio cada día puede hacer maravillas por tu estado de ánimo y autoestima.
3. **Dedica tiempo a actividades que disfrutas: El cuidado personal también significa hacer tiempo para las cosas que amas,** ya sea leer, pintar, escuchar música o pasar tiempo en la naturaleza. Estas actividades recargan tus energías y te hacen sentir más equilibrado y feliz.

El Impacto del Cuidado Personal en la Autoestima

El cuidado personal regular **refuerza la idea de que eres digno de tiempo y atención.** Esto no solo mejora cómo te sientes en el día a día, sino que también construye una base sólida para una autoestima duradera.

Estrategia 5: Enfrenta tus Miedos y Sal de tu Zona de Confort

El Rol del Riesgo en el Crecimiento Personal

Salir de tu zona de confort y enfrentar tus miedos **es una de las maneras más efectivas de mejorar tu autoestima**. Cada vez que te enfrentas a un desafío y lo superas, demuestras a ti mismo que eres más fuerte y capaz de lo que pensabas.

Cómo Enfrentar tus Miedos de Manera Segura

1. **Identifica tus miedos: Haz una lista de las cosas que te asustan, pero que sabes que te harían crecer**. Esto podría ser hablar en público, probar un nuevo deporte o enfrentarte a una situación social difícil.
2. **Da pequeños pasos: No tienes que enfrentar tus miedos de golpe**. Comienza con pequeños pasos que te acerquen a enfrentarlos. **Cada pequeño logro te dará la confianza para dar el siguiente paso.**
3. **Reflexiona sobre tus logros: Después de enfrentar un miedo, tómate un momento para reflexionar sobre lo que has logrado**. Reconocer tu valentía y tus logros es clave para fortalecer tu autoestima.

El Impacto de Enfrentar los Miedos en la Autoestima

Enfrentar tus miedos y salir de tu zona de confort **te muestra que eres capaz de manejar situaciones difíciles**, lo que refuerza tu autoestima. Cada desafío superado es una prueba de tu fuerza y resiliencia.

Estrategia 6: Aprende a Decir No y Establece Límites

La Importancia de los Límites en la Autoestima

Aprender a decir no y establecer límites **es crucial para proteger tu bienestar emocional. Cuando estableces límites claros, te aseguras de que tus necesidades y deseos sean respetados, lo que refuerza tu autoestima.**

Cómo Establecer Límites Saludables

1. **Identifica tus límites: Piensa en las situaciones en las que te sientes incómodo o donde tus necesidades no son respetadas.** Estos son los lugares donde necesitas establecer límites.
2. **Comunica tus límites con claridad: Cuando establezcas un límite, sé claro y directo sobre lo que necesitas.** No necesitas justificarte, solo expresa lo que es importante para ti.
3. **Defiende tus límites: No siempre será fácil, pero es importante mantener tus límites incluso cuando los demás los desafían.** Esto demuestra que te valoras y que tu bienestar es una prioridad.

El Impacto de Establecer Límites en la Autoestima

Cuando aprendes a decir no y estableces límites, **te demuestras a ti mismo que mereces ser tratado con respeto.** Esto no solo protege tu autoestima, sino que también la fortalece al asegurarte de que tus necesidades sean atendidas.

Conclusión: El Viaje hacia una Mejor Autoestima

Mejorar la autoestima es un viaje continuo que requiere tiempo, esfuerzo y compromiso. **Las estrategias que hemos explorado en este capítulo son herramientas poderosas que puedes usar para fortalecer tu autoestima y construir una vida más feliz y satisfactoria.**

Recuerda que no tienes que implementar todas estas estrategias de una vez. **Comienza con una o dos que resuenen contigo y trabaja en ellas a tu propio ritmo.** Cada pequeño paso que tomas hacia mejorar tu autoestima es un paso hacia una vida más plena y auténtica.

Mantente en el camino, rebelde, y sigue construyendo la mejor versión de ti mismo. Tu autoestima es la base sobre la cual puedes construir una vida llena de confianza, amor propio y felicidad.

Capítulo 7

Autoestima y Autoconocimiento: El Valor de Conocerse a Sí Mismo

¿Qué Significa Realmente Conocerse a Uno Mismo?

Imagina que eres como un libro que nadie ha leído completamente, ni siquiera tú. Conocerse a uno mismo es como abrir ese libro y descubrir las páginas que no sabías que existían. **Pero, ¿qué pasa cuando no te conoces bien?** Cuando no sabes quién eres, qué te gusta o qué quieres, es fácil sentirte perdido, confundido y con una autoestima frágil.

En este capítulo, vamos a explorar cómo el autoconocimiento está profundamente conectado con la autoestima. **Te llevaré por un viaje de descubrimiento personal que no solo te ayudará a conocerte mejor, sino que también fortalecerá tu autoestima de manera que te sientas más seguro y capaz en tu día a día.**

¿Por Qué es Importante el Autoconocimiento para la Autoestima?

El Efecto del Autoconocimiento en la Autoestima

El autoconocimiento es la base sobre la cual se construye una autoestima sólida. **Cuando te conoces a ti mismo, sabes lo que valoras, lo que te hace feliz, lo que te motiva y lo que te afecta.** Esto te permite tomar decisiones que estén alineadas con tu verdadero yo, lo que refuerza tu autoestima.

Imagina que estás navegando en un barco sin brújula ni mapa. **Podrías ir en cualquier dirección, pero no sabrías si estás yendo por el camino correcto o no.** El autoconocimiento es esa brújula y ese mapa que te guían hacia donde realmente quieres ir, asegurándote de que las decisiones que tomes te lleven hacia una vida que realmente te haga sentir bien contigo mismo.

El Riesgo de Vivir sin Conocerse a Uno Mismo

Por otro lado, cuando no te conoces bien, es fácil dejar que las opiniones de los demás, las expectativas de la sociedad o las modas del momento dicten quién eres y qué haces. **Esto puede llevar a una vida de insatisfacción, donde te sientes desconectado de ti mismo y donde tu autoestima sufre porque no estás viviendo de acuerdo con tu verdadero ser.**

Vivir sin autoconocimiento es como usar una máscara todo el tiempo, ocultando quién eres realmente. **Esta desconexión entre tu yo verdadero y la imagen que muestras al mundo puede causar una gran inseguridad y una baja autoestima.**

Primer Paso: Reflexión Personal

Conócete a Través de la Reflexión

La reflexión personal es una herramienta poderosa para el autoconocimiento. **Es un proceso de mirar hacia adentro y hacerte preguntas sobre quién eres, qué sientes y por qué actúas de ciertas maneras.** Este proceso te ayuda a descubrir aspectos de ti mismo que quizás no habías notado antes.

Preguntas Clave para la Reflexión Personal

Para empezar a reflexionar sobre ti mismo, puedes hacerte las siguientes preguntas:

1. **¿Qué es lo que más me gusta hacer en mi tiempo libre?**
   Esta pregunta te ayuda a identificar tus verdaderas pasiones e

intereses, lo que es fundamental para entender quién eres.

2. **¿Cuáles son mis fortalezas y debilidades?**
   Reconocer tus fortalezas te da confianza y te muestra en qué eres bueno, mientras que entender tus debilidades te permite trabajar en ellas o aceptarlas como parte de tu singularidad.

3. **¿Qué es lo que más valoro en la vida?**
   Saber qué valores son importantes para ti (como la honestidad, la amabilidad o la creatividad) te ayuda a vivir de una manera que esté alineada con esos valores, lo que refuerza tu autoestima.

4. **¿Cómo me siento en diferentes situaciones sociales?**
   Esta pregunta te ayuda a entender cómo te afectan las interacciones sociales y qué situaciones te hacen sentir bien o incómodo.

5. **¿Cuáles son mis miedos más profundos?**
   Identificar tus miedos te permite enfrentarlos y superarlos, lo que fortalece tu autoestima al demostrarte que puedes superar tus desafíos.

El Impacto de la Reflexión en la Autoestima

Reflexionar sobre estas preguntas no solo te ayuda a conocerte mejor, sino que también te permite tomar decisiones más conscientes y alineadas con tu verdadero yo. **Esto fortalece tu autoestima porque te da la certeza de que estás viviendo una vida auténtica, que refleja quién eres realmente.**

Segundo Paso: Aceptación Personal

El Poder de Aceptarte Tal Como Eres

Una vez que empiezas a conocerte mejor, el siguiente paso crucial es aceptarte tal como eres. **Esto significa reconocer tanto tus fortalezas**

como tus debilidades, y estar bien con ellas. La aceptación personal es la base para una autoestima saludable, porque te permite sentirte cómodo en tu propia piel.

Cómo Practicar la Aceptación Personal

1. **Reconoce tus imperfecciones: Nadie es perfecto, y eso está bien.** Acepta tus errores, tus fallos y tus peculiaridades como parte de lo que te hace único.
2. **Abraza tus fortalezas: A veces, somos nuestros peores críticos.** Es importante reconocer y celebrar tus habilidades y talentos.
3. **Permítete ser vulnerable: Mostrar tus emociones y tus debilidades no te hace menos fuerte**, al contrario, te hace más humano y auténtico.
4. **Deja de compararte con los demás: Cada persona tiene su propio camino y ritmo.** Compararte constantemente con otros solo disminuye tu autoestima y te aleja de la aceptación personal.

El Impacto de la Aceptación en la Autoestima

Cuando te aceptas a ti mismo, tal como eres, **envías un mensaje poderoso a tu subconsciente de que eres suficiente.** Esto no solo fortalece tu autoestima, sino que también te libera de la necesidad de buscar la aprobación externa, permitiéndote vivir de manera más auténtica y feliz.

Tercer Paso: Explora tus Pasiones y Valores

Descubre lo que Realmente te Apasiona

Tus pasiones son una parte importante de quién eres. **Son esas actividades o intereses que te hacen sentir vivo, que te llenan de energía y que te motivan a seguir adelante**. Descubrir y perseguir tus pasiones no solo te ayuda a conocerte mejor, sino que también refuerza tu autoestima al permitirte expresarte de manera auténtica.

Cómo Identificar tus Pasiones

1. **Recuerda tu infancia: A menudo, las cosas que nos apasionaban cuando éramos niños siguen siendo relevantes en nuestra vida adulta.** Piensa en lo que te emocionaba cuando eras pequeño.
2. **Presta atención a lo que te entusiasma ahora: Haz una lista de actividades que te hacen sentir feliz y lleno de energía.** Estas son señales de tus verdaderas pasiones.
3. **Explora nuevas actividades: A veces, no sabes lo que te apasiona hasta que lo pruebas.** No tengas miedo de probar cosas nuevas, desde deportes hasta artes o tecnología.

La Importancia de los Valores en el Autoconocimiento

Además de tus pasiones, tus valores son una parte fundamental de tu identidad. **Son los principios que guían tus decisiones y que definen lo que es importante para ti**. Vivir de acuerdo con tus valores fortalece tu autoestima porque te permite ser fiel a ti mismo.

Cómo Identificar tus Valores

1. **Haz una lista de lo que es más importante para ti en la vida:**

Esto podría incluir cosas como la honestidad, la lealtad, la creatividad, o la compasión.

2. **Piensa en las decisiones difíciles que has tomado: ¿Qué principios guían esas decisiones?** Estas decisiones a menudo revelan tus valores más profundos.

3. **Reflexiona sobre lo que te hace sentir realizado: Las actividades o relaciones que te llenan de satisfacción generalmente están alineadas con tus valores.**

El Impacto de Vivir Según tus Pasiones y Valores

Cuando vives de acuerdo con tus pasiones y valores, **te sientes más auténtico y seguro de ti mismo**. Esto no solo fortalece tu autoestima, sino que también te da una mayor sensación de propósito y satisfacción en la vida.

Cuarto Paso: Aprende a Escuchar tu Voz Interior

Conéctate con tu Intuición

Tu voz interior, o intuición, **es esa sensación profunda que te guía en la toma de decisiones**. A menudo, estamos tan ocupados escuchando las opiniones de los demás que ignoramos lo que nuestra intuición nos dice. Aprender a escuchar y confiar en tu voz interior es esencial para el autoconocimiento y la autoestima.

Cómo Desarrollar tu Intuición

1. **Dedica tiempo al silencio: En un mundo lleno de ruido, es importante encontrar momentos de silencio para conectarte contigo mismo.** Meditar o simplemente pasar tiempo en tranquilidad puede ayudarte a escuchar tu intuición.

2. **Confía en tus primeras impresiones: A menudo, tu

intuición te da una primera impresión o una "corazonada" sobre algo o alguien. Aprende a confiar en esa sensación.

3. **Reflexiona sobre las decisiones pasadas: Piensa en momentos en los que seguiste o ignoraste tu intuición.** ¿Qué aprendiste de esas experiencias?

El Impacto de Confiar en tu Intuición en la Autoestima

Confiar en tu intuición te da una mayor seguridad en ti mismo. **Te permite tomar decisiones que están alineadas con tu verdadero yo,** lo que refuerza tu autoestima y te hace sentir más en control de tu vida.

Quinto Paso: Practica la Autocompasión

Sé Amable Contigo Mismo

La autocompasión es la práctica de ser amable y comprensivo contigo mismo, especialmente en momentos de dificultad o fracaso. **En lugar de criticarte severamente, te tratas con la misma amabilidad que ofrecerías a un amigo querido.**

Cómo Practicar la Autocompasión

1. **Habla contigo mismo con amabilidad: Cambia el diálogo interno crítico por uno más compasivo y alentador.**
2. **Permítete cometer errores: Recuerda que eres humano y que es normal cometer errores.** Lo importante es aprender de ellos.
3. **Céntrate en el progreso, no en la perfección: En lugar de esperar la perfección, celebra cada pequeño paso que das hacia tu crecimiento personal.**

El Impacto de la Autocompasión en la Autoestima

La autocompasión es un pilar fundamental de una autoestima saludable. **Te permite ser más resiliente y menos afectado por los errores o fracasos**, lo que refuerza tu autoestima y te ayuda a mantener una actitud positiva hacia ti mismo.

Conclusión: El Poder del Autoconocimiento en la Construcción de una Autoestima Saludable

El autoconocimiento es una herramienta poderosa que te permite entender quién eres realmente, lo que te gusta, lo que valoras y lo que necesitas para ser feliz. **A medida que te conoces mejor y te aceptas tal como eres, tu autoestima se fortalece y te sientes más seguro y capaz de enfrentar los desafíos de la vida.**

Recuerda que el autoconocimiento es un viaje continuo. **No se trata de alcanzar un punto final, sino de estar siempre en proceso de descubrimiento y crecimiento.** Mantente curioso sobre ti mismo, sigue explorando tus pasiones y valores, y nunca dejes de aprender sobre quién eres.

Al final del día, **la persona más importante que necesitas conocer y amar eres tú mismo.** Y ese es el primer paso para construir una vida plena y auténtica.

¡Mantente rebelde, mantente curioso y sigue construyendo la mejor versión de ti mismo!

Capítulo 8
La Autoestima en la Adolescencia: Retos y Soluciones

Un Viaje en Terreno Desconocido

La adolescencia es una etapa llena de cambios y desafíos, un viaje en terreno desconocido donde las emociones están a flor de piel, las relaciones sociales cobran mayor importancia, y la búsqueda de identidad se vuelve una misión diaria. **Pero, ¿qué ocurre cuando, en medio de este torbellino, la autoestima comienza a tambalearse?** Es aquí donde los adolescentes enfrentan uno de los mayores retos de esta etapa: **mantener una autoestima saludable.**

Este capítulo te guiará a través de los obstáculos más comunes que los adolescentes enfrentan en su autoestima y te ofrecerá soluciones prácticas y efectivas para superarlos. **Prepárate para entender cómo la autoestima se moldea durante estos años cruciales y qué puedes hacer para fortalecerla.**

¿Por Qué la Adolescencia es una Etapa Clave para la Autoestima?

El Momento de Definir Quién Eres

La adolescencia es un período de descubrimiento personal. **Es cuando empiezas a cuestionarte quién eres, qué te gusta, cuáles son tus valores, y cómo encajas en el mundo.** Durante esta etapa, la percepción que tienes de ti mismo y de tu valor personal se forma y se solidifica, convirtiéndose en la base sobre la cual construirás tu identidad adulta.

Este proceso puede ser emocionante, pero también puede ser abrumador. **Las dudas sobre uno mismo, la presión de los** compañeros, y **los cambios físicos y emocionales pueden hacer que la autoestima fluctúe dramáticamente.** Por eso, es crucial comprender cómo estos factores afectan la autoestima y cómo manejar los desafíos que surgen.

El Papel de la Sociedad y la Cultura

En la adolescencia, **los jóvenes están expuestos a múltiples influencias externas que pueden impactar su autoestima.** Los medios de comunicación, las redes sociales, y las expectativas culturales juegan un papel importante en la forma en que los adolescentes se perciben a sí mismos.

Por ejemplo, **los ideales de belleza poco realistas que se promueven en las redes sociales pueden hacer que los adolescentes se sientan inseguros acerca de su apariencia.** De igual manera, la presión por alcanzar ciertos estándares académicos o sociales puede hacer que los jóvenes se sientan inadecuados si no cumplen con esas expectativas.

Principales Retos de la Autoestima en la Adolescencia

1. La Comparación Social

El Peligro de Compararse con los Demás

Uno de los mayores desafíos para la autoestima en la adolescencia es la tendencia a compararse con los demás. **Con el acceso constante a las redes sociales, es fácil caer en la trampa de compararse con las versiones idealizadas de otras personas.** Esto puede llevar a sentimientos de inferioridad, especialmente si los adolescentes creen que no se ajustan a los estándares percibidos.

La comparación social puede dañar gravemente la autoestima, ya que los adolescentes pueden enfocarse en lo que les falta en lugar de valorar lo que tienen. Este tipo de pensamiento puede crear un ciclo de inseguridad y autocrítica que es difícil de romper.

Solución: Enfocarse en el Progreso Personal

En lugar de compararse con los demás, **los adolescentes deben aprender a centrarse en su propio progreso y desarrollo**. Esto significa celebrar sus propios logros, por pequeños que sean, y reconocer que cada persona tiene un camino único.

Un buen ejercicio es llevar un diario de logros personales. En este diario, los adolescentes pueden anotar sus avances, metas alcanzadas y momentos de superación. Esto les ayuda a mantener una perspectiva positiva y a valorar su propio crecimiento en lugar de compararse constantemente con otros.

2. La Presión de los Pares

El Deseo de Pertenencia y Aceptación

Durante la adolescencia, **la necesidad de pertenecer a un grupo y ser aceptado por los pares se intensifica**. Esto puede llevar a los adolescentes a actuar de maneras que no reflejan su verdadero yo, solo para encajar o ser aceptados.

La presión de los pares puede manifestarse de diferentes formas, desde la presión para seguir ciertas modas hasta la presión para participar en comportamientos riesgosos. **Cuando los adolescentes sienten que deben cambiar quiénes son para ser aceptados, su autoestima puede verse gravemente afectada.**

Solución: Fomentar la Autenticidad y los Valores Personales

Una forma de combatir la presión de los pares es **fomentar la autenticidad y ayudar a los adolescentes a desarrollar un fuerte sentido de sus propios valores**. Cuando un adolescente tiene claro lo que es importante para él, es menos probable que sucumba a la presión de actuar en contra de esos valores.

Es útil que los adolescentes identifiquen y escriban una lista de sus valores principales, como la honestidad, la amabilidad, o la creatividad. Esta lista puede servir como un recordatorio constante de quiénes son y de la importancia de permanecer fieles a sí mismos, incluso cuando enfrenten presión social.

3. *Los Cambios Físicos y la Imagen Corporal*

La Autoestima y el Espejo

Los cambios físicos que ocurren durante la adolescencia pueden ser una fuente importante de estrés y preocupación. **Los adolescentes pueden sentirse incómodos con su cuerpo a medida que cambia, y pueden desarrollar una percepción negativa de su apariencia**. Esto es especialmente común cuando los adolescentes se comparan con imágenes idealizadas en los medios de comunicación.

Una imagen corporal negativa puede tener un impacto directo en la autoestima. **Cuando los adolescentes no se sienten cómodos en su propia piel, es más probable que experimenten inseguridad y baja autoestima.**

Solución: Promover una Imagen Corporal Positiva

Promover una imagen corporal positiva es crucial para ayudar a los adolescentes a desarrollar una autoestima saludable. **Esto implica** enseñarles a apreciar y cuidar su cuerpo por lo que puede hacer, en lugar de solo centrarse en su apariencia.

Los padres y tutores pueden jugar un papel importante al modelar una actitud saludable hacia el cuerpo y al evitar comentarios críticos sobre la apariencia. Además, es útil que los adolescentes participen en actividades que les hagan sentirse bien físicamente, como el deporte o el baile, lo que puede mejorar su percepción corporal.

4. Las Expectativas Académicas y la Autoestima

El Peso de las Expectativas

Las expectativas académicas pueden ser una fuente importante de estrés para los adolescentes. **La presión para obtener buenas calificaciones y cumplir con las expectativas de los padres y maestros puede llevar a los adolescentes a sentirse inadecuados si no logran alcanzar esos estándares.**

Este tipo de presión puede tener un impacto negativo en la autoestima, especialmente si los adolescentes empiezan a medir su valor personal en función de sus logros académicos. **Es crucial que los adolescentes aprendan a valorar su esfuerzo y crecimiento, en lugar de solo enfocarse en los resultados.**

Solución: Valorar el Proceso de Aprendizaje

Una solución efectiva es cambiar el enfoque de los resultados a la experiencia de aprendizaje. **Los adolescentes deben ser alentados a ver los errores como oportunidades de aprendizaje y a valorar el esfuerzo que ponen en sus estudios, independientemente del resultado final.**

Los padres y tutores pueden apoyar este enfoque al celebrar el esfuerzo y el progreso, y al recordar a los adolescentes que su valor no se define por sus calificaciones. Esto puede aliviar parte de la presión y ayudar a los adolescentes a desarrollar una autoestima más equilibrada.

Estrategias para Fortalecer la Autoestima en la Adolescencia

1. Fomentar la Autocompasión

La autocompasión es una habilidad poderosa para fortalecer la autoestima. **En lugar de ser duros consigo mismos, los adolescentes deben aprender a tratarse con la misma amabilidad y comprensión que ofrecerían a un amigo.**

Ejercicio de Autocompasión

Un buen ejercicio es **escribir una carta a uno mismo desde la perspectiva de un amigo cercano**. En esta carta, los adolescentes pueden expresar apoyo y aliento, reconociendo sus esfuerzos y recordándose a sí mismos que es normal cometer errores.

2. Practicar la Gratitud

Practicar la gratitud es otra estrategia eficaz para mejorar la autoestima. **Enfocarse en lo que se tiene y en lo que se ha logrado, en lugar de lo que falta, puede ayudar a los adolescentes a sentirse más satisfechos con ellos mismos y con su vida.**

Diario de Gratitud

Un diario de gratitud es una excelente herramienta. **Cada día, los adolescentes pueden escribir tres cosas por las que están agradecidos,** lo que les ayuda a cultivar una mentalidad más positiva y a valorar lo que tienen.

3. Establecer Metas Realistas y Alcanzables

Establecer metas realistas y alcanzables es fundamental para mantener una autoestima saludable. **Cuando los adolescentes logran sus objetivos, experimentan un aumento en la confianza en sí mismos y en su capacidad para enfrentar desafíos.**

Creación de Metas SMART

Las metas SMART (específicas, medibles, alcanzables, relevantes y con un plazo definido) son una forma efectiva de establecer objetivos que sean realistas y alcanzables. **Los adolescentes pueden trabajar con un mentor, padre o tutor para establecer metas SMART que les ayuden a avanzar en su desarrollo personal y académico.**

Conclusión: Fortaleciendo la Autoestima Durante la Adolescencia

La adolescencia es una etapa crucial para el desarrollo de la autoestima. **Es un período lleno de desafíos, pero también de oportunidades para el crecimiento personal.** Al comprender los factores que afectan la autoestima y al implementar estrategias prácticas para fortalecerla, los adolescentes pueden navegar esta etapa con mayor confianza y seguridad en sí mismos.

Recuerda que la autoestima no es estática; es algo que se puede cultivar y fortalecer con el tiempo. Con las herramientas adecuadas, los adolescentes pueden desarrollar una autoestima saludable que les permita enfrentar los desafíos de la vida con resiliencia y optimismo.

Sigue explorando, sigue creciendo, y nunca dejes de creer en tu propio valor. Mantente rebelde, mantente fiel a ti mismo.

Capítulo 9

Manteniendo una Autoestima Saludable: Un Compromiso de por Vida

El Viaje Continuo de la Autoestima

Imagina que la autoestima es como una planta. **No basta con plantarla una vez y esperar que crezca sola; requiere cuidados constantes, atención y ajustes a lo largo del tiempo.** Mantener una autoestima saludable no es algo que se logra de la noche a la mañana ni se alcanza un día y se olvida al siguiente. **Es un compromiso de por vida.**

Este capítulo está diseñado para ayudarte a entender cómo puedes seguir fortaleciendo y manteniendo una autoestima saludable, no solo en la adolescencia sino a lo largo de toda tu vida. Te ofreceré herramientas y estrategias que puedes incorporar a tu rutina diaria para asegurar que tu autoestima siga creciendo y fortaleciéndose con el tiempo.

¿Por Qué Es Importante Mantener una Autoestima Saludable?

El Impacto a Largo Plazo

Mantener una autoestima saludable tiene un impacto significativo en tu bienestar general. **Una autoestima fuerte te ayuda a enfrentar los desafíos de la vida con mayor resiliencia, a tomar decisiones más saludables y a establecer relaciones más positivas.**

Sin embargo, las circunstancias de la vida cambian, y las viejas estrategias que alguna vez funcionaron para mantener una autoestima alta pueden no ser suficientes para los nuevos desafíos. Por eso es crucial aprender a adaptar y actualizar tus prácticas de cuidado personal y autovaloración.

El Desafío de la Estabilidad Emocional

La estabilidad emocional es un aspecto clave de la autoestima. **La vida está llena de altibajos, y enfrentar contratiempos y desafíos sin que afecten tu autoestima puede ser complicado.** Mantener una autoestima saludable significa tener las herramientas necesarias para manejar estas fluctuaciones de manera efectiva.

Estrategias para Mantener una Autoestima Saludable

1. Cultiva Hábitos de Autocuidado

La Importancia del Autocuidado

El autocuidado no es solo un lujo, es una necesidad para mantener una autoestima saludable. **Dedicar tiempo a ti mismo y a tus necesidades emocionales y físicas es crucial para tu bienestar general.** El autocuidado te ayuda a mantener un equilibrio en la vida y a sentirte valorado y respetado.

Cómo Incorporar el Autocuidado en tu Vida

1. **Establece una Rutina de Bienestar: Dedica tiempo a actividades que te hagan sentir bien, como el ejercicio, la meditación o los pasatiempos que disfrutas.** Asegúrate de que estas actividades formen parte de tu rutina diaria o semanal.
2. **Prioriza el Descanso: El descanso adecuado es esencial para la salud mental y emocional.** Asegúrate de dormir lo suficiente cada noche y de tomar descansos durante el día cuando sea necesario.
3. **Mantén una Dieta Saludable: Una alimentación equilibrada**

puede tener un impacto positivo en tu estado de ánimo y energía. Incluye alimentos nutritivos en tu dieta y evita las excesivas cantidades de azúcar o cafeína.

2. Desarrolla una Mentalidad Positiva

El Poder del Pensamiento Positivo

El pensamiento positivo puede tener un efecto poderoso en tu autoestima. **Adoptar una mentalidad positiva te ayuda a ver los desafíos como oportunidades y a enfrentar las dificultades con una actitud más optimista.**

Técnicas para Fomentar el Pensamiento Positivo

1. **Reenfoca tus Pensamientos:** Cuando te enfrentas a pensamientos negativos, **intenta reemplazarlos por afirmaciones positivas o por una perspectiva más equilibrada.** Por ejemplo, si piensas "no soy bueno en esto", puedes cambiarlo por "estoy aprendiendo y mejorando cada día".
2. **Practica la Gratitud: El agradecimiento por las cosas buenas en tu vida puede ayudarte a mantener una perspectiva positiva.** Lleva un diario de gratitud donde anotes las cosas por las que estás agradecido cada día.
3. **Rodeate de Influencias Positivas: Las personas con las que te rodeas pueden influir en tu mentalidad.** Busca relaciones que te apoyen y te inspiren a ser tu mejor versión.

3. *Establece Metas Realistas y Alineadas con tus Valores*

La Importancia de las Metas

Establecer metas te proporciona dirección y propósito. **Tener objetivos claros y alcanzables te ayuda a mantenerte enfocado y motivado**, lo que puede reforzar tu autoestima a medida que logras esos objetivos.

Cómo Establecer Metas Efectivas

1. **Define Metas SMART: Las metas deben ser específicas, medibles, alcanzables, relevantes y con un plazo determinado**. Esto te ayudará a crear un plan claro y a mantenerte en el camino.
2. **Celebra tus Logros: Cada vez que alcances una meta, por pequeña que sea, celebra tu éxito**. Esto refuerza tu sentido de logro y te motiva a seguir avanzando.
3. **Ajusta tus Metas según sea Necesario: A veces, las circunstancias cambian y es necesario ajustar tus metas**. Sé flexible y adapta tus objetivos para que sigan siendo relevantes para ti.

4. *Mantén Relaciones Saludables*

El Impacto de las Relaciones en la Autoestima

Las relaciones interpersonales juegan un papel fundamental en la autoestima. **Rodearte de personas que te apoyen y te valoren contribuye a una autoestima saludable**, mientras que las relaciones tóxicas pueden tener un efecto negativo.

Cómo Cultivar Relaciones Positivas

1. **Comunicación Abierta: La comunicación efectiva y honesta es clave para mantener relaciones saludables.** Expresa tus sentimientos y necesidades de manera clara y respetuosa.
2. **Busca Apoyo en tu Red Social: Las amistades y las relaciones familiares pueden ofrecer apoyo emocional.** No dudes en buscar ayuda o consejo cuando lo necesites.
3. **Establece Límites Saludables: Es importante establecer límites para proteger tu bienestar emocional.** Aprende a decir no cuando sea necesario y a priorizar tus propias necesidades.

5. *Aprende a Manejar el Estrés y la Ansiedad*

El Estrés como Desafío para la Autoestima

El estrés y la ansiedad pueden afectar negativamente tu autoestima. **Cuando estás estresado, es más probable que tengas pensamientos negativos sobre ti mismo y que te sientas abrumado.**

Técnicas para Manejar el Estrés

1. **Practica Técnicas de Relajación: La meditación, la respiración profunda y el yoga pueden ayudarte a reducir el estrés y a mantener la calma.** Dedica tiempo a estas prácticas para mejorar tu bienestar general.
2. **Organiza tu Tiempo: Una buena organización puede reducir la sensación de agobio.** Utiliza calendarios y listas para gestionar tus tareas y prioridades de manera efectiva.
3. **Busca Actividades Recreativas: Participar en actividades que disfrutas puede ser una excelente manera de liberar**

tensiones. Encuentra pasatiempos que te relajen y te hagan sentir bien.

Superando Obstáculos y Adaptándose a los Cambios

Adaptación a Nuevas Circunstancias

La vida está llena de cambios y sorpresas, desde mudanzas y cambios de trabajo hasta nuevas etapas de la vida. **Adaptarse a estas nuevas circunstancias puede presentar desafíos para mantener una autoestima saludable.**

Cómo Adaptarse a los Cambios

1. **Acepta el Cambio: Reconocer que el cambio es una parte natural de la vida puede ayudarte a adaptarte mejor.** En lugar de resistirte, trata de ver el cambio como una oportunidad para crecer.
2. **Desarrolla la Resiliencia: La resiliencia te permite enfrentar los desafíos con fortaleza y determinación.** Trabaja en desarrollar habilidades para manejar la adversidad de manera efectiva.
3. **Busca Apoyo si lo Necesitas: No tengas miedo de pedir ayuda durante los períodos de cambio.** Habla con amigos, familiares o un profesional para obtener apoyo y orientación.

La Autoestima a lo Largo de la Vida

La autoestima puede cambiar con el tiempo, influenciada por las experiencias y las etapas de la vida. **Es importante seguir trabajando en tu autoestima a medida que avanzas en la vida y enfrentar los nuevos desafíos con una mentalidad positiva.**

Mantén el Compromiso con tu Autoestima

1. **Reflexiona Regularmente: Tómate el tiempo para reflexionar sobre tu autoestima y hacer ajustes cuando sea necesario.** La autoevaluación periódica te ayuda a mantener el rumbo y a abordar cualquier área que requiera atención.
2. **Continúa Aprendiendo y Creciendo: La autoeducación y el crecimiento personal son procesos continuos.** Mantente abierto a nuevas experiencias y aprende constantemente sobre ti mismo.
3. **Celebra tus Éxitos y Aprendizajes: Reconoce y celebra tus logros y aprendizajes a lo largo de tu vida.** Esto refuerza tu autoestima y te motiva a seguir adelante.

Conclusión: El Compromiso con tu Autoestima

Mantener una autoestima saludable es un compromiso continuo que requiere esfuerzo, autoconocimiento y adaptación. **Es un viaje que dura toda la vida, lleno de aprendizajes y oportunidades para el crecimiento personal.** Al incorporar hábitos saludables, desarrollar una mentalidad positiva y establecer relaciones significativas, estarás mejor preparado para enfrentar los desafíos y seguir construyendo una autoestima fuerte y resiliente.

Recuerda, **tu autoestima es valiosa y merece atención constante.** Con el enfoque adecuado y las estrategias efectivas, puedes asegurarte de que tu autoestima se mantenga sólida y saludable a lo largo de toda tu vida.

Sigue avanzando con valentía y nunca pierdas de vista tu propio valor. Tu viaje hacia una autoestima saludable es un compromiso de por vida, y cada paso que tomas es un testimonio de tu crecimiento y fortaleza.

Despedida Rebelde

¡Hola, Rebelde!

Antes de que cierres este libro y te lances de nuevo a la aventura de la vida, quiero tomar un momento para agradecerte. Sí, **a ti** que has llegado hasta aquí, que has recorrido este viaje a través de las páginas de "Descubre tu valor: Consejos para fortalecer tu autoestima". **Tu dedicación y tu interés en fortalecer tu autoestima me inspiran profundamente**, y quiero que sepas que ha sido un honor acompañarte en esta travesía.

Un Viaje de Autoestima y Autoconocimiento

Al comenzar este libro, quizás te sentías perdido en medio de los desafíos de la vida, buscando respuestas sobre cómo valorarte y quererte a ti mismo. **Ahora, al final de este viaje, espero que hayas encontrado herramientas y estrategias útiles para construir y mantener una autoestima saludable.**

Hemos explorado desde los conceptos básicos sobre qué es la autoestima y por qué es importante, hasta estrategias prácticas para mejorarla y mantenerla a lo largo de toda tu vida. **Hemos desglosado los seis pilares de la autoestima, discutido cómo superar la baja autoestima, y te hemos ofrecido consejos para adaptarte a los retos de la adolescencia.**

Sigue Navegando con Nosotros

Tu viaje hacia una autoestima fuerte y saludable no termina aquí. En nuestro blog, **Rebeldes Conecta2**, encontrarás un montón de recursos, artículos y consejos adicionales que te ayudarán a seguir creciendo y aprendiendo. **Nuestro objetivo es ofrecerte el apoyo y la guía que** necesitas para atravesar esta etapa complicada de la vida, y estamos aquí para acompañarte en cada paso del camino.

Te invito a que explores más títulos y temas en la sección de autor. Hay **muchos más libros y recursos que podrían ser justo lo que necesitas** para seguir fortaleciendo tu autoestima, mejorar tus habilidades de autoconocimiento y enfrentarte con confianza a los desafíos que la vida te presenta.

Qué Puedes Esperar en Rebeldes Conecta2

En "Rebeldes Conecta2", no solo encontrarás artículos que te ayuden a entenderte mejor a ti mismo, sino también consejos prácticos para enfrentar situaciones cotidianas con seguridad. Desde temas sobre cómo manejar el estrés hasta estrategias para mejorar tus habilidades sociales y académicas, **nuestro blog está diseñado para ofrecerte contenido relevante y útil en cada etapa de tu vida.**

Un Agradecimiento Especial

Quiero ofrecerte un sincero **agradecimiento** por tomarte el tiempo para leer este libro. Cada página, cada capítulo, ha sido creado con la intención de **empoderarte y proporcionarte herramientas que te ayuden a valorarte y a crecer.** Espero que te lleves de este libro no solo consejos útiles, sino también la confianza en ti mismo para aplicar lo aprendido y seguir avanzando.

Mantente Rebelde, Mantente Fiel a Ti Mismo

La adolescencia es una etapa llena de cambios, desafíos y oportunidades. **Mantente rebelde en el mejor sentido: sigue buscando lo que te hace feliz, defiende tus valores, y nunca dejes de creer en tu propio valor.** Recuerda que **la autoestima no es un destino, sino un camino** que se construye día a día con pequeñas acciones, reflexiones y decisiones.

Espero que continúes navegando con nosotros, que descubras más sobre ti mismo y sobre cómo vivir una vida plena y auténtica. **Estamos aquí para apoyarte en cada paso del camino y para ofrecerte los recursos que necesitas para tener éxito.**

Explora, Aprende y Crece

No dudes en volver a nuestro blog para leer más artículos, descubrir nuevos libros y seguir explorando temas que te interesen. **Cada nuevo recurso es una oportunidad para aprender algo nuevo y para seguir avanzando en tu viaje personal.** Si tienes alguna pregunta, un tema que te gustaría explorar, o simplemente quieres compartir tu experiencia, **no dudes en ponerte en contacto con nosotros.**

Gracias por ser parte de nuestra comunidad rebelde. Sigue avanzando, sigue creciendo, y nunca pierdas de vista tu increíble potencial.

¡Hasta la próxima, Rebelde!

Con gratitud y aprecio,

Mr. Haddock

❖¿Quieres Conocer MÁS?☺

Mejorando Tu Habilidad Para Hablar En Público[1]

Entendiendo tus emociones: Guía para adolescentes[2]

---

1. https://books2read.com/u/471rdq

2.   https://books2read.com/u/mVnPoA

Don't miss out!

Visit the website below and you can sign up to receive emails whenever Mr. Haddock publishes a new book. There's no charge and no obligation.

https://books2read.com/r/B-A-XOBJB-HRAYE

BOOKS2READ

Connecting independent readers to independent writers.

Also by Mr. Haddock

Entendiendo tus emociones: Guía para adolescentes
Mejorando Tu Habilidad Para Hablar En Público
Descubre TU Valor: Consejos para Fortalecer TU Autoestima

Watch for more at https://rebeldesconecta2.blogspot.com/.

About the Author

Mr. Haddock es un autor apasionado y comprometido con el bienestar emocional de los adolescentes. Con una profunda comprensión de los desafíos y cambios que enfrentan los jóvenes durante la adolescencia, su misión es proporcionarles las herramientas y el apoyo necesarios para atravesar esta etapa de la vida de la mejor manera posible. A través de sus libros, Mr. Haddock busca ofrecer orientación, consejos prácticos y reflexiones profundas para ayudar a los adolescentes a entender sus emociones, manejar el estrés y construir relaciones saludables. Su enfoque cálido y empático refleja su compromiso inquebrantable de acompañar a los jóvenes en su viaje hacia la autoaceptación, el crecimiento personal y la felicidad duradera.

Read more at https://rebeldesconecta2.blogspot.com/.